Marc Pasteger
Avec la collaboration de Séverine Pasteger

Histoires vraies de Noël

Paris

www.editionsjourdan.com

ISBN : 978-2-930757-67-4 – EAN : 9782930757674

Dépôt légal : D/2015/9685/51

Au souvenir de mes parents

Introduction

Depuis trente ans, je collectionne les histoires ayant trait à Noël. Pas les contes ou les légendes, uniquement les histoires vraies, courant sur plusieurs siècles, mélangeant grands personnages, célébrités d'aujourd'hui ou parfaits inconnus. Pour certains de ces derniers, et par respect de leur vie privée, j'ai changé des patronymes ou des noms de lieux. Comme dans de précédents ouvrages, j'ai pu romancer la forme, le fond, lui, demeurant rigoureusement authentique.

En ce qui concerne le choix des sujets, j'ai laissé la magie de Noël me guider. Puisse-t-elle être communicative…

M.P.

Perdue dans la tempête

Lorsque ce vendredi 19 décembre 2008, Donna Molnar quitte son domicile de la ville d'Ancaster (Ontario), elle ignore que, dans peu de temps, on parlera d'elle aux quatre coins du monde.

Âgée de cinquante-cinq ans, Donna, épouse et mère de famille, vêtue d'une veste d'hiver, portant bottes et mitaines, monte dans son solide pick-up de couleur blanche. Et démarre. But de la sortie : effectuer quelques banales emplettes. Pourtant habituée aux dures conditions climatiques de sa région du Canada, Donna ne craint évidemment pas la neige. Cependant, la tempête qui, brutalement, se déclenche au-dessus d'Ancaster la prend de court. Rapidement, la route devient impraticable et le véhicule de Donna s'immobilise. Alors, sans doute la conductrice pense-t-elle avoir davantage de chance à pied et s'éloigne de la voiture.

Les heures s'égrènent. David, le mari, s'inquiète d'une absence aussi longue et alerte les secours. Des battues sont immédiatement organisées. On trouve le pick-up vide, mais aucune trace de Donna.

Le soir venu, les recherches sont interrompues. L'angoisse puis le désespoir gagnent petit à petit David Molnar et son fils de vingt ans. Autour d'eux, on veut encore garder espoir. Pourtant, le temps passe. Douloureusement. Jusqu'au jour où un secouriste volontaire, Ray Lau, parcourt un champ en compagnie de son chien, Ace. Subitement, l'animal s'arrête et aboie. Sous ses pattes – et soixante centimètres de neige ! – gît Donna Molnar. Bloquée dans cette prairie durant quatre jours et trois nuits par une température moyenne de moins quinze degrés – seuls sa tête et son cou ont échappé à l'ensevelissement –, elle vit encore !

Consciente, Donna a été plongée dans un coma artificiel dès son arrivée à l'hôpital. C'est là que ses proches l'ont veillée durant toute la période de Noël, surveillant son état qui, lentement, s'améliore.

Interrogé par la presse, David Molnar parlera d'une « intervention divine ». Et, aussi, canine...

Tout le monde le croit mort, sauf son fils

Les dix-neuf premières années de Wilhelm Heinen n'ont pas été de tout repos. Le garçon naît en 1943, à Cologne, ville alors fréquemment bombardée. Afin de se sentir davantage en sécurité, sa mère emmène le bébé en Belgique. En 1945, Fritz, le père, est fait prisonnier par les Anglais. Et, ensuite, considéré comme mort.

À Bruxelles où le petit Wilhelm a trouvé refuge, le malheur frappe encore. À l'arrivée des Alliés, le gamin se voit privé de sa maman et placé dans un orphelinat. Heureusement, grâce à l'aide de la Croix-Rouge, un an plus tard, il retrouve celle qui constitue sa seule famille.

Au lendemain de la guerre, désireuse de commencer une nouvelle existence, la mère épouse un Belge. En grandissant, Wilhelm cultive la mémoire d'un papa qu'il n'a pas connu mais qu'il refuse d'accepter enterré quelque part en Angleterre ou ailleurs. Lorsque son beau-père propose de l'adopter, il refuse. Car, pour lui – appelez ça une intuition, une certitude ou une idée fixe, peu importe ! –, Fritz Heinen est vivant.

Wilhelm ne se trompe pas. La captivité de son paternel a duré six ans. En 1951, Heinen revint à Cologne où ses proches avaient tous disparu.

En 1962, Wilhelm a dix-neuf ans et s'engage dans l'armée belge, caserné à Dueren, en Allemagne. La Croix-Rouge – qui, par le passé, lui avait déjà rendu sa mère –, aidée cette fois par les services diplomatiques, lui apporte la preuve que son père habite en Allemagne, à la Palanterstrasse, à Koeln-Suelz.

Profitant d'une permission le 24 décembre, Wilhelm fonce à l'adresse tant attendue. Son cœur bat très vite lorsqu'il pousse sur le bouton de sonnette. Hélas, personne ne répond. Un peu triste, le jeune homme griffonne quelques mots sur un bout de papier qu'il confie à une voisine. Puis rentre à Dueren.

Fritz regagne son domicile tard dans la soirée, découvre le message, saute dans sa voiture et débarque à la caserne en pleine nuit. Ils n'ont pas besoin de se parler : Fritz et Wilhelm ont compris qui ils sont et qu'en cette superbe nuit de Noël, le bonheur les a enfin choisis.

Les premières phrases, ils les ont prononcées en anglais, langue apprise à l'école pour le plus jeune, chez l'ennemi d'hier pour l'aîné.

Et, très vite, Wilhelm a juré :

— Je reste ici, papa, je ne te quitte plus.

Sauvée par un prince charmant

— Cette année, on passera Noël ici ! Avec un peu de chance, il neigera et nos sapins seront tout blancs !

Étendu en maillot de bain sur la pelouse de sa maison de campagne, Gérard Bassinet, quarante-six ans, cadre dans une compagnie d'assurances parisienne, savoure ses vacances du mois d'août 1967 et, en pensée, déjà celles de décembre.

À un mètre de lui, Évelyne, son épouse, vient de faire la grimace, mais Gérard ne l'a pas vue. Comme elle a déjà partagé trois prises de bec avec son cher époux depuis ce matin et qu'il n'est même pas quinze heures, elle se dit que les belligérants ont droit à une sieste paisible.

Le problème, c'est que, dormant ou somnolant, Gérard parle quand même…

— Tu sais pertinemment que nous ne profitons pas suffisamment de cet endroit !

Plongée dans la lecture d'un roman policier et le visage dissimulé par les larges bords d'un chapeau de paille et par une paire de lunettes solaires, Évelyne Bassinet, quarante-deux ans, mère au foyer, fait celle qui n'écoute pas. Et, contrairement à l'un des personnages féminins du bouquin avec lequel elle est justement occupée en page 84, elle ne nourrit pas encore d'envies meurtrières... Mais il ne faudrait tout de même pas que son Gérard abuse, sinon, comme une certaine Rita dans le polar, elle pourrait ne plus répondre de rien !

Il faut préciser que, depuis deux années, la vie des Bassinet a changé. Aux yeux de Gérard, en bien ; à ceux d'Évelyne, en mal.

Jugeant Paris de plus en plus étouffante, leur appartement du VIIe arrondissement trop exigu et rétrécissant au fur et à mesure que Clarisse et Nicolas (respectivement âgés en 1967 de huit et six ans) grandissaient, Gérard décréta que, sauf à vouloir mourir d'un manque d'oxygène, il fallait aux Bassinet une résidence secondaire !

— D'ailleurs, ajouta-t-il, bon nombre de mes collègues ou copains y songent aussi quand ils ne sont pas déjà passés aux actes.

Ce à quoi, Évelyne répondit ironiquement :

— Si tout le monde émigre vraiment à la campagne, restons en ville ; il y fera plus calme !

Gérard haussa les épaules car aucune objection – et surtout pas une hypothèse aussi ridicule – ne viendrait perturber l'élaboration de son projet. Après avoir compté et recompté ses économies, vu son banquier, négocié et obtenu une augmentation que son patron lui promettait depuis des mois, Bassinet s'attaqua – pacifiquement – à la Normandie.

Ses parents l'y emmenaient en vacances et, de façon à la fois naturelle et pas originale pour deux sous, Gérard agit de même avec sa progéniture.

— Il y a tout en Normandie ! s'enflammait-il. La campagne, la mer, de belles villes, des villages superbes, l'Histoire et la modernité...

La Normandie aurait-elle eu besoin d'un chantre qu'en la personne de Gérard Bassinet, elle l'aurait déniché...

Parisienne comme son mari, Évelyne se sentait plus attachée au bitume qu'attirée par les petits oiseaux et l'odeur du foin. Et la Normandie lui inspirait des sentiments pour le moins mitigés.

Ainsi, une année avait-elle suscité la colère de Gérard parce que, coincée dans une auberge à Honfleur à cause d'une météo défavorable – un euphémisme car il tombait des cordes depuis trois jours et trois nuits –, elle avait eu l'audace de constater :

— À tout prendre, je préfère la pluie à Paris. Elle est moins triste et nous coûte moins cher...

Gérard lui avait vertement répliqué que les gouttes rebondissant sur les bateaux du port de plaisance ou les toits en chaume des alentours apportaient une indéniable dimension poétique à des paysages ayant d'ailleurs inspiré d'innombrables artistes, qu'ils fussent peintres ou écrivains ! Et enfilant le costume – ne correspondant pourtant pas à ses mensurations – de Pic de la Mirandole, Gérard porta l'estocade par ces mots un rien blessants :

— Mais, évidemment, ma pauvre Évelyne, tu ne peux pas comprendre !

La jolie Évelyne, taille fine, cheveux châtains et yeux verts, rêvait de se prélasser en bikini sur du sable fin et de nager dans l'océan. En lieu et place de quoi, elle pataugeait dans les flaques, accrochait son parapluie à ceux d'autres touristes et regardait d'un air envieux les plus prévoyants ayant jeté dans leur valise un pull à col roulé...

Si, par la suite, Évelyne a finalement accepté le déménagement en Normandie, c'est essentiellement pour ses chères têtes blondes.

Au début de l'aventure, elle a même pris du plaisir à jouer à la dînette. La petite maison en dehors de Deauville sur la route de Pont-l'Evêque est coquette, pratique, entourée d'un verger ni immense, ni minuscule.

Bonne joueuse et, au moment de l'achat, enthousiaste, Évelyne a reconnu :

— Mon chéri, tu as décroché le gros lot !

Le chéri, peu doué pour la modestie, en a profité pour vanter son flair dans les affaires, son talent à faire jaillir la bonne idée au bon moment et la sorte de symbiose existant entre lui et la Normandie ! Un peu délirant, tout ça. En ce printemps 1965, une sorte d'euphorie règne au sein de la famille Bassinet.

Officiellement inaugurée à Pâques, la propriété ne désemplit quasiment pas de tout l'été. Gérard effectue des allers et retours en juillet avant de s'installer en seigneur des lieux au mois d'août. On convie les copains, ceux ayant antérieurement acquis une résidence secondaire afin de leur montrer que, désormais, on parle d'égal à égal, et les autres, dans le but de susciter la jalousie et, plus encore, l'admiration. Car Gérard, petit bonhomme maigrichon d'un mètre soixante-cinq (ce qui, à la toise, marque une différence de cinq centimètres en sa défaveur par rapport à Évelyne) se montre bêtement fier de sa bicoque normande, autant, par exemple, que de sa Citroën DS noire, autre signe incontestable, sur son échelle des valeurs, d'une vraie réussite sociale.

Septembre offre encore de belles occasions de week-ends, mais l'automne et l'hiver aux journées courtes et sombres ne donnent pas nécessairement envie de quitter la chaleur du nid parisien.

Pourtant, juste avant Noël, Gérard s'est exclamé :

— Et pourquoi n'irions-nous pas voir à quoi ressemblent les fêtes en Normandie ?

Évelyne l'a rapidement rembarré.

— Nous sommes le 10 décembre et je te rappelle que nous avons déjà lancé des invitations.

L'année suivante à pareille époque, Gérard lui-même a accepté de rejoindre un couple d'amis à Reims. Mais voilà : pour 1967, le dessein d'un Noël campagnard revient – et la proximité de l'hippodrome de Deauville n'y étant pour rien – au grand galop !

Il reste qu'en deux ans, l'excitation d'Évelyne par rapport à son « petit palais » poussé dans la verdure s'est lentement transformée en rejet, sinon total, au moins très partiel.

Autrefois ménagère à temps complet dans l'appartement du VIIe, elle avait droit à des périodes de repos, principalement au mois d'août. Dans un hôtel – fût-il normand –, elle goûtait aux joies de se faire servir.

Depuis que Gérard Bassinet casse les oreilles de toute personne à laquelle il peut placer son titre de « propriétaire à Deauville » (même si c'est juste à côté), Évelyne trimballe les seaux, les brosses et la bouffe de quatre personnes trois cent soixante-cinq jours sur trois cent soixante-cinq.

Elle déclencherait bien une grève, mais aucun syndicat ne soutiendrait une brave dame incapable de fournir la moindre fiche de paie et n'ayant versé des cotisations qu'à des trucs sympa comme la Croix-Rouge, les Amis des Chiens et un vague club de passionnées de tricot.

Un soir de grand découragement, elle a émis le désir de travailler. Ce à quoi, toujours aussi charmant, Gérard a répliqué :

— Mais tu ne sais rien faire !

Manager, et très efficacement, deux résidences devrait pourtant prévaloir sur bon nombre de diplômes quelquefois décrochés sans mérite ou qui mériteraient d'être reconnus d'inutilité publique.

Durant l'été 1966, Évelyne se montre déjà quelque peu amère. En insistant, elle obtient un repas pris à l'extérieur. Mais, souvent, son égoïste de mari a le toupet de répondre :

— On est si bien chez nous ! Pourquoi sortir ?

Un soir, il a franchi les bornes de la bienséance. Et l'a regretté :

— Moi, des gueuletons en dehors de chez moi, je m'en tape en série pour le boulot. Alors, ras-le-bol ! C'est aussi les vacances pour moi !

À ces mots, Évelyne a explosé :

— Y a pas que toi qui es crevé ! Moi, je bosse du matin au soir, sans répit et sans gagner un radis. Alors, tu fais ce que tu veux mais, aujourd'hui, je ne mange pas ici. Depuis que tu nous as imposé ta bicoque pourrie, tes oiseaux qui chambardent et nous réveillent à la fine pointe de l'aube ainsi que le déluge quatre jours sur cinq qui fait pousser les mauvaises herbes deux fois plus vite que dans n'importe quelle région de France, je ne me repose plus jamais ! Et là aussi, ça va changer !

Gérard avait beau avoir décrété il y a longtemps que le centre du monde se situait juste à l'emplacement de son nombril, il comprit que s'il ne voulait pas se retrouver vraiment seul à le contempler, il avait intérêt à adopter un profil plus bas ce qui, comme disait un de ses copains, vu sa taille, n'exigeait pas une grande souplesse...

Pendant une semaine, Gérard multiplia les attentions, les déjeuners et dîners dans les alentours. Il offrit une robe et un collier à Évelyne, emmena les enfants à la plage pendant que son épouse se laissait bichonner dans un institut de beauté. En rentrant à Paris fin août 1966, l'orage conjugal ne constituait plus qu'un mauvais souvenir.

Mais, ce 6 août 1967, avec cette perspective de grelotter autour de la cheminée parce que le chauffage (que l'on pouvait soupçonner de dater de l'époque de Guillaume le Conquérant, duc de Normandie!) aurait rendu l'âme laissait subitement présager de nouvelles grosses perturbations...

**

— Tu n'as pas répondu...

Court silence. Sans quitter son bouquin des yeux, Évelyne demande :

— Tu m'as posé une question ?

— Bien sûr! s'agace Gérard. Nous passerons Noël ici.

— Ah, bon !

— Je savais que tu avais entendu !

— Oui, mais c'était une affirmation, pas une question...

— De toute façon, si nous calculions à combien nous revient cette maison par rapport au temps où nous l'occupons, nous nous rendrions sans doute à l'évidence qu'il s'agit d'un gouffre financier.

— Mais il s'agit évidemment d'un gouffre financier. Raison de plus pour nous en séparer !

Gérard aurait été attaqué par une horde de guêpes en colère qu'il n'aurait pas sauté plus précipitamment car il a compris qu'Évelyne ne plaisante pas.

— Vendre ? Jamais ! En revanche, nous allons vivre plus souvent ici.

Évelyne, elle, ne hausse pas le ton et ironise.

— On pourrait même en faire notre résidence principale et dénoncer le bail à Paris. Les enfants iraient à l'école au village voisin, peut-être qu'il y a encore une voiture tirée par des chevaux qui assure le ramassage scolaire. Moi, je confectionnerais des confitures aux pommes et me réchaufferais en sirotant du calva. Quant à toi, tu sonnerais aux portes en tentant de filer tes assurances. Vu le nombre d'habitants dénombrés dans le coin, t'aurais intérêt à beaucoup bouger et, surtout, à être patient, ce qui – dois-je te le rappeler ? – ne constitue pas ta principale qualité...

— N'importe quoi ! s'énerve Gérard.

— À moins que tu ne deviennes un grand voyageur, que tu ne partes d'ici au chant du coq et que tu ne reviennes de Paris alors que les poules seront couchées depuis longtemps...

Bondissant comme un cabri, Gérard éructe.

— Je vais réorganiser notre temps. Désormais, nous serons campagnards au moins quatre mois sur douze !

— Alors, réplique Évelyne tranquillement, je t'autorise la bigamie. Je resterai ton épouse parisienne et, dans ce beau bocage normand, tu te trouveras une autochtone grâce à qui, d'ailleurs, tu t'intégreras encore mieux à ta région d'adoption... Sur ce, je vais rechercher les enfants au club de tennis. Tu devrais m'y accompagner. Il y a là quelques jolies monitrices, sans parler de la fille du bar, qui – sait-on jamais ? – pourraient rêver de devenir mon alter ego de province...

⁂

23 décembre 1967. Depuis l'été dernier, on a beaucoup parlé chez les Bassinet et pas nécessairement dans la plus parfaite sérénité.

Âpre à la négociation, Gérard campait sur ses positions. Évelyne n'en demeurait pas moins déterminée. Elle consentit deux week-ends d'automne, mais pas davantage. Gérard, lui, exigeait Noël en Normandie et n'en démordait pas!

Malin, il mit les enfants dans le coup en leur décrivant un réveillon féerique allant même, sinon jusqu'à leur promettre, au moins à leur laisser croire que la neige serait probablement au rendez-vous…

Au bout de quelques jours, Évelyne, esseulée, admit qu'elle n'était pas de taille à lutter contre trois personnes. Il lui fallait rendre les armes. Non sans avoir posé une ultime condition.

— D'accord pour Noël en Normandie...

Sans prononcer un mot, Gérard ne pouvait dissimuler une intense jubilation.

Évelyne n'avait pourtant pas achevé sa phrase.

— ...mais nous emmenons Maman!

In cauda venenum! Et, pour Gérard, aucune autre expression ne pouvait d'ailleurs mieux convenir car il considérait sa belle-mère comme un véritable poison! Bien sûr, il exagérait. Odette, soixante-quatorze ans, n'avait rien d'un monstre; elle se montrait seulement parfois encombrante. Et, aux yeux de Gérard, Odette l'était dès qu'elle montrait le bout du nez!

— Moins je la vois, mieux je me porte!

Cette belle-mère-là possédait aussi un certain sens de la repartie, ce qui ne plaisait guère à Gérard aimant avoir le dernier mot. Depuis deux ou trois ans pourtant, la qualité d'ouïe d'Odette laissait à désirer. Ce qui, à la fois, limitait un peu les conversations, et notamment celles pouvant mal tourner, mais agaçait également Gérard qui se sentait obligé de répéter ses propos à plusieurs reprises.

Odette, taille moyenne, cheveux gris, jamais négligée, a toujours bon pied, bon œil. Veuve, elle habite seule dans un appartement bourgeois du XVIIe arrondissement et n'attend pas l'autorisation de son gendre pour rendre visite à sa fille et à ses petits-enfants.

Rituellement, à Noël, Odette reçoit ou est reçue par Évelyne et les siens.

— Pas de Noël sans Maman ! a tranché Évelyne de façon catégorique. L'an dernier, même les Drinquier l'ont invitée avec nous à Reims.

Gérard aurait voulu trouver la faille du système. En vain.

— Ta mère ? Mais elle ne supportera pas le voyage !

— C'est le Père Noël qui habite au Pôle Nord, ironisa Évelyne. Nous, nous allons seulement à Deauville.

— Et si elle attrape froid là-bas ? Elle n'aura pas un toubib dans son immeuble comme à Paris…

— Elle a une santé de fer et nous enterrera tous !

— Ne parle pas de malheur ! rétorqua Gérard qui, brusquement, changea de ton. Et si j'avais envie d'un Noël sans ta mère ?

— Tu en aurais parfaitement le droit, concéda Évelyne. Mais, dans ce cas, ce serait aussi sans moi.

Gérard comprit que le combat était vain. Le Noël de 1967 serait bien normand, mais avec belle-maman...

Ce 23 décembre, vers 11 heures, M. Bassinet n'est pas à prendre avec des pincettes. Odette, à qui l'on avait fixé rendez-vous à 10 h 45 a débarqué à 9 h 50 !

Sans même lui dire bonjour, quand Gérard l'a découverte dans la cuisine sirotant une tasse de café, il a grommelé :

— Z'êtes déjà là ?

De bonne humeur, elle, Odette a rétorqué :

— Non, c'est ma doublure qui répète mon rôle !

— Dix jours comme ça, a menacé Gérard entre ses dents, et je l'étrangle !

Clarisse et Nicolas ont compris dès le lever qu'il ne s'agissait pas d'un jour pour rigoler et qu'il était conseillé de filer droit. La veille, au cours du dîner, leur père a expliqué :

— Grand-mère s'installera entre vous deux. Vous pouvez quand même emporter des jouets et des peluches.

Puis, ricanant un peu sadiquement :

— Ce sera l'occasion de lui faire subir des tests respiratoires grandeur nature. Si elle résiste aux nounours et aux lapins qui traînent dans vos chambres à longueur d'année, et parfois sur le tapis, c'est que ses bronches sont en bon état…

Gérard remarque les deux grosses valises d'Odette disposées dans l'entrée puis crie en direction de la propriétaire des bagages :

— Je n'aurai jamais assez de place pour tout votre fourbi. Je tire au sort. Pile, j'embarque la noire ; face, ce sera la brune !

Odette accourt, inquiète.

— Je n'emporte rien de trop !

Évelyne vole à son secours.

— Ce ne sont quand même pas des malles !

— Ok, enchaîne Gérard, en fixant Odette d'un air mauvais. Je les descends toutes les deux, mais je vous laisse ici !

— Il plaisante ! rassure Évelyne.

— À deux jours de Noël, seule à Paris, ce serait cruel, enchaîne Gérard. J'ai une autre idée. Comme il paraît que vous avez une santé du tonnerre, vous allez courir derrière la voiture !

Évelyne hausse les épaules.

— Il te taquine, Maman !

Gérard s'énerve.

— Tout le monde dans cette famille croit que j'ai acheté une voiture élastique !

Il est 11 h 15 quand après avoir effectué plusieurs allers et retours entre le parking et l'appartement, Bassinet constate qu'Odette entame une troisième tasse de café. Gérard voit rouge.

— Elle boit deux litres si elle le veut, grogne-t-il face à Évelyne, mais, moi, je ne m'arrête pas toutes les dix minutes. J'ai une moyenne à tenir !

Odette n'a perçu que quelques syllabes :

— Il m'accuse de mentir ?

— Pas du tout ! s'étonne Évelyne.

— J'ai entendu « La doyenne a l'air de mentir ! »

— Ne te tracasse pas, Maman ! Il n'y a aucun problème. À chaque départ en vacances, le stress de Gérard se traduit par un flot de paroles encore plus important qu'en temps habituel, mais il n'a pas eu de mot déplacé à ton égard…

Et Évelyne se retient d'ajouter :

— Enfin, pas encore !

Dès la sortie de Paris, les Bassinet se querellent sur l'itinéraire à emprunter.

— La dernière fois, tu as reconnu que tu ajoutais quinze kilomètres ! jure Évelyne.

— Si je t'écoutais, on rejoindrait Deauville par Bordeaux sous prétexte qu'il y a moins de feux rouges !

À l'arrière, Odette propose à Nicolas et Clarisse de chanter des titres de circonstance.

« Mon beau sapin, roi des forêts, que j'aime ta verdure... »

Puis, c'est :

« Belle nuit, sainte nuit, tout s'endort, plus de bruit... »

Gérard grogne.

— Si ça pouvait être vrai...

— Tu n'aimes pas l'art ! ricane Évelyne.

— Si, justement !

— Les enfants chantent juste ! proteste Évelyne à voix basse.

— Un don qui ne leur vient pas de leur grand-mère maternelle, ironise le conducteur.

Vers midi quinze, Odette fait savoir qu'elle a faim.

— Et sans entrer dans les détails, j'ai un besoin urgent à satisfaire...

— C'est quoi ça ? demande Nicolas.

Gérard élude la réponse.

— Vous attendrez bien encore un peu...

— Tout se situe dans la notion de « un peu »...

— Deux bonnes heures ! affirme Gérard sérieux.

— Évelyne, supplie Odette, ce ne sera pas possible !

— Tu ne te rends pas compte qu'il te fait marcher ?

— J'aurais bien aimé ! s'exclame Gérard. Si vous aviez trottiné derrière la voiture comme je vous l'avais suggéré afin de laisser davantage de place à vos bagages, vous auriez pu vous autoriser toutes les pauses pipi que vous vouliez !

Puis, jouant au sadique.

— Avouez que vous regrettez !

— Il dit qu'on va s'arrêter ? interroge Odette un rien fébrile.

— Avant Deauville, non ! surenchérit Gérard.

— Pas de panique, Maman ! intervient Évelyne. On arrive bientôt à l'auberge que nous avons choisie pour déjeuner.

Le repas ne se déroule pas dans une ambiance idyllique. Gérard a un œil dans l'assiette et l'autre sur la montre.

— D'habitude, le service est plus rapide ! râle-t-il.

— En été, il y a davantage de personnel, souligne Évelyne.

— M'en fous ! Moi, en toute saison, je garde ma moyenne !

La belle-mère ne se montre pas plus satisfaite.

— La côte à l'os est coriace !

— Qui se ressemble, s'assemble ! grince le gendre.

Odette poursuit.

— Je me demande s'il n'y a pas plus de gras que de viande. Et chez vous, ça va ? lance-t-elle à la cantonade.

Nicolas et Clarisse jugent leurs boulettes « assez bien » mais guettent surtout les desserts.

Évelyne n'émet aucun commentaire particulier sur le saumon, ce qui n'est – évidemment – pas le cas de Gérard.

— Dès que je choisis le même poisson que toi, c'est moi qui ramasse toutes les arêtes ! Et toi, tu n'en as pas une seule. Même pas une petite pour me faire plaisir ?

Évelyne sourit en secouant négativement la tête.

— Je me demande, intervient Odette, si, à cause d'un bout d'os, je ne me suis pas décalé le dentier !

— La prochaine fois, tranche Gérard narquois, on ne vous commandera que la purée !

— Qu'est-ce qu'il raconte ? lance Odette à Évelyne.

— Des bêtises !

— Il se fout de ma pomme, c'est ça ?

Gérard lève les yeux au ciel.

— Terminez votre côte sans l'os et ne traînez pas ! Pensez à ma moyenne !

En multipliant involontairement les grimaces, Odette inspecte sa bouche avec la langue.

— J'ai l'impression qu'un truc sur le côté gauche est de travers...

— Y a pas que sur le côté gauche ! grommelle Gérard qui prend un coup de coude, discret, de son épouse.

— Tu as mal quelque part ? demande Évelyne.

— Un peu sur le côté gauche, oui.

— Cet hiver, les côtes à l'os sont agressives, on en a parlé à la radio, tente de plaisanter Gérard.

— Ah, bon ! s'étonne Nicolas.

— À cause du froid qu'elles ne supportent pas, sans doute, répond son père en lui faisant un clin d'œil.

Odette n'achève pas son plat. Et, au moment des desserts, s'abstient.

— Même pas une petite panade ? risque Gérard que sa femme gratifie cette fois d'un coup de pied dans la cheville droite.

Tandis que les enfants optent pour une glace, Évelyne et Gérard font cuiller séparée dans la même coupe (bien) remplie de mousse au chocolat.

Les Bassinet adorent ça et pourraient établir une sorte de guide tellement ils en ont goûté dans d'innombrables restaurants. Tout en avalant un café puis en réglant l'addition, ils continuent à disserter sur les qualités et les défauts de ce qu'ils viennent de déguster, parient sur la marque du chocolat, critiquent le manque de légèreté de la chantilly. Parallèlement, Nicolas et Clarisse se sont déjà installés dans la limousine et jouent avec des figurines.

Cela fait un bon quart d'heure que les Bassinet font assaut de souvenirs gastronomiques.

— Et tu te souviens de ...

— Oui, on y était allé juste après chez Machin...

— Qui ne vaut pas le dixième de Truc que nous avions testé six mois plus tôt dans la même région...

Subitement, une petite voix, celle de Clarisse, intervient.

— Personne ne trouve bizarre que Mamy ne soit toujours pas là ?

Court silence. Évelyne fronce les sourcils.

— Avec son problème de dentier, elle est allée s'examiner face à un miroir. Je lui ai dit qu'on l'attendait dans la voiture.

Gérard consulte sa montre.

— Y a cinq bonnes minutes!

— Non, s'autorise Clarisse, plus de vingt... Quand nous sommes sortis, j'ai regardé l'horloge sur la façade de l'auberge. Elle indiquait quatorze heures cinq...

Oubliant ses bavardages autour de la mousse au chocolat, Gérard bondit de la DS.

— Je parie qu'elle s'est enfermée dans les toilettes dans le seul but de bousiller ma moyenne. Je vais la chercher par la peau du dos!

Quatre minutes plus tard, Bassinet revient à la voiture, se laisse tomber sur son siège et fulmine:

— Madame ta mère se lance dans les farces et attrapes!

— Tu l'as vue?

— Non. Personne ne l'a vue! Donc, elle joue à cache-cache!

— C'est rigolo, ça! remarque Nicolas. On peut chercher grand-mère?

Gérard explose.

— Non! Vous ne sortez pas d'ici! Et si, dans deux minutes, Odette n'a pas montré le bout de son chignon, je démarre et elle fêtera Noël dans le bois derrière le restaurant.

— Dans le bois? répète Clarisse inquiète.

— Et si le loup la mange? interroge Nicolas.

— Il en crèvera! jubile Gérard.

— Je ne te permets pas de parler de Maman en ces termes, le reprend Évelyne très vertement. Et surtout pas devant les enfants!

Elle sort du véhicule, claquant la portière et va à son tour se renseigner.

Mais, in fine, elle est forcée de se rendre à l'évidence : sa mère a disparu !

— Tu lui avais bien dit qu'on l'attendait dans le parking ?

— Bien sûr ! jure Gérard. Et, pendant que nous évoquions nos orgies de mousse au chocolat, j'ai même avancé de vingt mètres afin de lui épargner un bout de chemin.

Et, en prononçant ces mots, Bassinet n'ironise plus car il constate l'angoisse de son épouse.

— Le patron a inspecté avec moi tous les endroits où elle aurait pu rester coincée ou avoir un malaise...

Silence dans la DS.

— Il ne reste qu'une solution à envisager, sanglote Évelyne : on l'a enlevée !

Nicolas est stupéfait.

— Comme dans les films à la télé ?

— Mais non ! rectifie Clarisse, l'aînée, en haussant les épaules. Ici, c'est pour de vrai !

Gérard éprouve de grosses difficultés à garder son sérieux.

— Qui en voudrait à ta mère ?

— Tu lis un peu les journaux ? On s'en prend aux vieux pour leur piquer leur argent !

Gérard ne se montre pas convaincu.

— Et ton kidnappeur, par où serait-il sorti ?

— Si tu avais observé les lieux aussi attentivement que moi, lui envoie Évelyne dans les gencives avec une certaine délectation, tu aurais remarqué qu'il existe une autre porte, à gauche, et que nous ne voyons pas d'où nous nous trouvons.

— Et quelqu'un aurait pu embarquer Odette aussi aisément qu'une boîte de biscuits !

— Par cette issue latérale, on peut très bien s'éclipser discrètement.

— Mais, enfin, Odette ne se serait jamais laissé faire !

— Elle est sourde.

— Quand ça l'arrange !

— Quel est le rapport ?

— Et celui de sa surdité avec le fait qu'elle suive un inconnu sans protester ?

— Elle aurait pu comprendre que la personne qui lui voulait du mal venait de notre part…

— Donc, s'amuse Gérard, cette personne nous connaîtrait ! Peut-être que c'est un voisin ou un cousin qui mijotait son affaire pour détourner l'héritage et qui nous suivait depuis Paris ! Téléphone à l'ORTF : tu tiens une bonne idée de feuilleton !

Évelyne ne relève pas.

— Je veux que nous nous rendions au poste de police ou de gendarmerie le plus proche ! exige-t-elle d'un ton ferme.

Gérard soupire.

— Parce que tu crois que ces gens, payés par l'État, ont reçu comme mission dans leur feuille de route : « Surveiller étroitement Odette Berger. » ?

Et, là, Évelyne explose.

— Gérard, je sais que tu ne supportes pas ma mère et que toutes les occasions te semblent bonnes pour te moquer d'elle !

— Si on ne peut plus rire...

— Tu confonds humour et méchanceté !

— Si je n'étais pas sympa avec elle, j'aurais profité du fait qu'elle s'attardait dans le restaurant et j'aurais démarré en trombe !

— Et tu continues ! crie Évelyne.

— Exact ! Je ne change rien ni à mon comportement, ni à ma façon de plaisanter, sinon, dans moins de cinq minutes, tu m'accuseras d'avoir organisé le kidnapping !

Évelyne se calme. Les enfants n'osent plus en placer une. Gérard leur propose :

— Venez avec moi jusqu'au bois ! Quelquefois que mamy aurait voulu se dégourdir les jambes et qu'elle se serait perdue...

Clarisse et Nicolas galopent devant. Évelyne suit Gérard, puis revient à sa hauteur.

— Je suis désolée de m'être emportée, dit-elle en lui serrant le bras...

Et lui qui, pourtant, ne cesse de monter sur ses grands chevaux sous n'importe quel prétexte, rétorque :

— Tout le monde ne possède pas la capacité à maîtriser ses nerfs... Mais ce n'est pas grave !

Une trentaine de minutes s'écoulent et la famille Bassinet demeure bredouille. La grand-mère n'ayant pu se lancer dans un sprint effréné sur plusieurs kilomètres, il convient de tirer les conclusions qui s'imposent.

En mettant le moteur de la limousine en marche, Gérard admet qu'il va bien falloir s'adresser aux forces de l'ordre.

Une dizaine de kilomètres et bien des palabres inutiles plus tard, Gérard et Évelyne Bassinet expliquent à un gendarme que Madame Odette Berger, soixante-quatorze ans, s'est brusquement volatilisée, sinon entre la poire et le fromage, en tout cas entre le café et la reprise de la route.

Leur interlocuteur écoute, note et ne manifeste aucun sentiment. Puis pose des questions qui surprennent Gérard et agacent Évelyne.

— À votre connaissance, Mme Berger a-t-elle un amant avec qui elle aurait pu s'enfuir ?

— Nous ne la retenions pas prisonnière ! proteste sa fille, outrée.

— A-t-elle toujours toute sa tête ?

— Évidemment ! s'offusque Évelyne. Elle fait même preuve d'une grande vivacité d'esprit.

Gérard ne peut s'empêcher de faire une moue que le gendarme remarque.

— Et d'après vous, monsieur, votre belle-mère pourrait-elle se comporter bizarrement ?

— Bizarrement ? répète Gérard se retenant de jurer : « Mais tout est bizarre chez cette vieille rombière ! »

Il chasse sa vilaine envie, se racle la gorge puis précise.

— Euh... Non... Parfois, elle n'entend pas très bien...

— Elle est sourde, en conclut l'autre qui écrit cette phrase.

— Pas du tout ! s'enflamme Évelyne. Elle loupe un mot de temps en temps. À son âge, rien d'anormal !

La rédaction du rapport semble s'achever. Après l'échange de quelques ultimes banalités, les trois personnes se lèvent.

Gérard fixe le bout de ses chaussures car il vient de penser à un truc. Juste avant de partir, il voudrait savoir si le représentant de la maréchaussée voue lui aussi sa belle-mère aux gémonies. Alors, c'est plus fort que lui, il faut qu'il fanfaronne.

— Si jamais les ravisseurs vous appelaient, vous seriez gentil de leur signaler que je suis prêt à leur verser une rançon pour qu'ils gardent Odette !

Malaise immédiat dans le petit bureau. Gérard se marre, mais deux secondes et demi seulement car Évelyne lui expédie un violent coup de coude dans le bras. Quant au grand garçon d'environ quarante ans en uniforme, il ne sourit même pas.

— Moi, monsieur, je rêverais d'avoir une belle-mère, car cela signifierait que j'aurais aussi une femme...

Dans la voiture où Clarisse et Nicolas ont pris un peu froid, l'ambiance, elle, est glaciale.

Évelyne pleurniche, Gérard soupire, agacé :

— Voilà un Noël qui s'annonce formidable ! Ce soir, après avoir décoré le sapin et rempli la crèche, nous n'attendrons pas le petit Jésus, mais Odette !

Il reste deux cents mètres à parcourir avant d'arriver à la maison normande des Bassinet quand Clarisse crie :

— Là, assise sur le muret, c'est Mamy !

— Mais... Mais tu as raison !

Et, à cet instant, Évelyne se met carrément à pleurer, mais de joie cette fois ! Nicolas applaudit. Et Gérard fulmine. Lorsqu'il descend de la Citroën, contrairement à sa femme et ses enfants, il ne se précipite pas vers Odette. Lorsque les embrassades sont finies, il fixe sa belle-mère durement et ordonne :

— Maintenant, on va s'expliquer tous les deux !

Nullement impressionnée, la dame se frotte les mains.

— Oui, mais à l'intérieur, car, mine de rien, cela fait deux heures que je grelotte !

Gérard ne désarme pas.

— Je regrette d'avoir roulé si vite. Peut-être que deux heures supplémentaires dehors vous auraient gelé la langue !

Encadrée par sa fille et ses petits-enfants, Odette s'installe dans le canapé, prête à subir un interrogatoire en règle !

— Je suis sortie, sans doute par une autre porte, je ne m'en suis pas rendu compte. Je n'ai plus vu l'auto à la place où vous l'aviez garée, Gérard. J'ai cru que vous m'aviez oubliée ou voulu me jouer un tour bien à votre manière…

— Si vous saviez comme je regrette ! murmure le gendre.

— Dans les deux minutes, un homme charmant constatant mon embarras m'a offert son aide. Le destin me souriait : il se rendait à Deauville et a proposé de me déposer. J'étais certaine que vous me précédiez, et non l'inverse. Sinon, j'aurais accepté d'aller boire un verre en compagnie de ce monsieur... Partie remise : ce sera pour le 26 !

— Mais, Maman, il s'agit d'un inconnu !

— Plus pour moi ! Nous avons eu le temps de bavarder. Il s'appelle Roger Thillière, doit avoir mon âge et est veuf. Il a invité sa famille dans sa villa. Et, le 26 à 15 heures, il vient me chercher pour aller au casino ! Tu te rends compte ? Voilà peut-être la plus belle des histoires de Noël qui commence !

Gérard se lève et s'assied sans cesse.

— Dites-moi que je navigue en plein cauchemar et que je vais me réveiller ! On se fait un sang d'encre, on fouille un restaurant, une forêt, on prévient même la gendarmerie, et pendant ce temps, comment s'occupe Madame ? Elle batifole avec un don Juan sur le retour !

— Sur le retour ? Pas du tout : il arrive !

Gérard ricane et glisse à Évelyne :

— Là, c'est l'ouïe ou le ciboulot qui foire ?

Puis, fixant Odette :

— Dans l'heure, vous allez louer une bicyclette et rouler jusqu'à la gendarmerie la plus proche afin de signaler que vous vous êtes moquée de tout le monde afin de pouvoir flirter honteusement dans votre coin ! Je pense qu'après un tel aveu, ils vous garderont au moins pour la nuit !

Une fois de plus, Évelyne calme les esprits. Fidèle à lui-même, Gérard ne cesse certes pas de râler pendant trois ou quatre heures, multipliant les piques à l'égard de sa belle-mère. Noël n'est pas blanc, mais très beau quand même.

Et, le 26 dans l'après-midi, comme prévu, Odette part en compagnie de Roger. À minuit, les Bassinet n'ont reçu aucune nouvelle d'elle. Et, forcément, Gérard peste, assis dans son lit, incapable de se concentrer sur le bouquin qu'il tente de lire et empêchant Évelyne de comprendre le sien.

— Sans clef, elle va devoir sonner. Mais quel sans-gêne ! Après le coup de l'autre jour, toute personne normalement constituée se tiendrait à carreau ! Tu veux que je te dise ?

— Ce n'est pas franchement utile, réplique Évelyne dans un bâillement.

Gérard vocifère.

— Elle nous prend pour ses domestiques !

C'est alors qu'on sonne.

— Enfin ! s'exclame Bassinet qui fonce en pyjama pour ouvrir la porte.

Il se trouve nez à nez avec Odette, radieuse, tenant par le bras un homme assez grand aux cheveux blancs, aux yeux bleus, très élégant dans un manteau gris foncé.

— Bonsoir et veuillez m'excuser de vous déranger aussi tardivement. Je me présente : Roger Thillière. Je voulais simplement m'assurer que, cette fois, Odette n'attendrait plus deux heures dehors !

Et le couple se met à rire devant un petit gars paumé et anormalement privé de son sens de la réplique.

En lui faisant le baisemain, Roger murmure à Odette :

— À demain...

Et alors qu'un autre jour, il aurait éructé, menacé ou, au mieux, montré son meilleur profil de mufle, Gérard demeure sans voix et, de trois mots vagues, salue Roger, puis Odette qu'il embrasse. La magie de Noël flotte-t-elle dans l'air quelque part sur la route de Pont-l'Evêque ?

Cette nuit-là en tout cas, en s'endormant, Gérard fut sur le point d'avouer à Évelyne :

— Ils sont touchants...

Et, un peu plus tard, dans la chambre voisine, Odette, elle, rêva de son prince charmant.

Un setter éclipse Hector Berlioz

14 octobre 1998, près de Sainte-Anne-du-Lac, dans la région du Québec. Jean-Guy Ghibaudo, un chirurgien-dentiste français de trente-huit ans, participe à une chasse à la bécasse en compagnie d'Ecco, son fidèle setter.

À un moment, il voit le chien s'enfoncer dans les sapins, comme s'il traquait une proie. Puis perd sa trace. Il l'appelle, le siffle, le cherche pendant quatre heures. En vain.

Les jours suivants, Jean-Guy Ghibaudo retourne à l'endroit où il a aperçu Ecco pour la dernière fois. Puis, très triste, quitte le Québec et rentre chez lui, à la Côte-Saint-André, dans l'Isère. Ses trois enfants, Simon (onze ans), Cantin (neuf ans) et Floric (cinq ans) partagent sa peine.

La cruelle réalité s'installe dans les cœurs: Ecco aura été dévoré par un ours ou un loup.

Le 10 novembre, les Ghibaudo sont donc loin d'imaginer que leur chien est vivant. Celui-ci a pourtant été remarqué par des ouvriers d'un camp de bûcherons. Un homme, Luc Richard, prend les opérations en main. Étant lui aussi adepte de la chasse à la bécasse, en regardant Ecco de plus près, il décèle les caractéristiques du chien d'arrêt élevé en France.

Luc Richard contacte un fonctionnaire à l'ambassade de France. Qui, dans l'Hexagone, appelle la centrale canine. Grâce à son tatouage, Ecco est identifié avec le nom de son propriétaire: Jean-Guy Ghibaudo.

C'est le 2 décembre que le téléphone sonne chez le maître d'Ecco afin d'apporter l'incroyable nouvelle. Il y a au sein de la famille une explosion de joie. Puis cette question:

— Comment a-t-il fait ?

L'animal a parcouru deux cents kilomètres en un peu moins d'un mois ! Jean-Guy pense que le grelot attaché au collier d'Ecco a éloigné de lui les bêtes féroces.

Au Québec, les nombreuses personnes émues par cette histoire exceptionnelle ont tout mis en œuvre afin qu'Ecco puisse fêter Noël parmi les siens.

Le 14 décembre, à l'aéroport de Lyon-Satolas où ils le réceptionnent, les Ghibaudo trouvent leur compagnon considérablement amaigri. Mais, visiblement, celui-ci est heureux de poser les pattes sur un sol familier.

Il reprend des forces et, le 24 décembre, Ecco pose devant le photographe du « Dauphiné Libéré ». De nombreux journaux retracent ensuite l'épopée d'Ecco dont « France-Soir » qui écrit que, à la Côte-Saint-André, le chien des Ghibaudo « est devenu une star jusqu'à détrôner Hector Berlioz né dans cette bourgade de quatre mille âmes ». Une autre symphonie fantastique...

Un festin à l'abbaye

William Beckford, fils unique d'un riche commerçant qui fut à deux reprises lord maire de Londres, appartient à la race des doux dingues.

En 1770, en perdant son père, il hérite d'une fortune colossale (notamment des propriétés à Londres et des plantations de sucre en Jamaïque). Seulement voilà : âgé de seulement dix ans, William ne possède évidemment aucune notion de la valeur de l'argent qu'il utilisera selon ses humeurs. Attiré par l'art, il engage des musiciens avec lesquels il voyage. Puis écrit des livres. Entre deux pages, il se marie et divorce à peu près en même temps. À un autre moment, Beckford entretient à Venise une maîtresse sensiblement plus âgée que lui.

Finalement, lassé de ses errances, il revient en Angleterre où sa fascination pour les monastères qu'il a visités à travers l'Europe lui donne une idée : faire bâtir une abbaye au sein de l'immense domaine familial de Fonthill !

Dans le courant des travaux, Beckford exige que son repas de Noël soit préparé dans les cuisines de l'abbaye... pourtant loin d'être achevée ! Il s'en moque et oblige les ouvriers des différents corps de métiers (près de cinq cents personnes) à travailler dur et à la hâte. Une équipe de nuit a même été constituée !

Les désirs du maître peuvent être exaucés. Servi par une armée de domestiques, William Beckford célèbre Noël exactement comme il l'a rêvé. Mais le dessert à peine avalé, des craquements sinistres succèdent à des bruits bizarres : les cuisines s'effondrent !

On ne déplora heureusement aucune victime – un miracle de Noël ! – et, tranquillement, William Beckford ordonna le remplacement de ce qui venait d'être détruit...

Roger Pierre sauve une vie sans le savoir

24 décembre 1958, peu avant 19 heures à Bruxelles. L'humoriste Roger Pierre, qui se produit dans la capitale belge, se rend compte qu'il va fêter le réveillon sans le moindre sapin de Noël.

Sa mère et l'une de ses tantes l'accompagnant, il décide de décorer sa chambre.

Il sort du palace qui l'héberge et court vers un grand magasin proche. Il grimpe au premier étage où il demande un arbre mesurant un mètre ou un mètre cinquante !

L'établissement va fermer dans quelques minutes ; il faut faire vite.

Une vendeuse, vêtue de noir, le regard triste, prend en charge ce client de la dernière minute et lui explique qu'il ne reste que des sapins en plastique.

Roger Pierre, n'ayant de toute façon pas la possibilité de se montrer difficile, est ravi. Il a également besoin de guirlandes.

— Lumineuses ? interroge la dame.

— Oui !

Et avec ça, Roger Pierre embarque à la hâte une étoile, deux nounours et de la neige artificielle.

— Dans une minute, je vais devoir vous mettre à la porte, indique la jeune femme en souriant du show ainsi offert par le comique.

En réglant la note, Roger Pierre explique à sa bienfaitrice :

— Je suis chaque soir à l'Alhambra. *(Dans une revue de... l'Alhambra de Paris).* J'ai été très pris par mon travail...

Puis il court retrouver sa famille.

Le lendemain soir, à l'issue de la représentation, Roger voit surgir dans sa loge la personne qui l'a si gentiment dépanné en garnitures de Noël. Celle-ci lui avoue qu'il lui a été difficile d'obtenir une place.

— Je voulais absolument venir, dit-elle.

Juste après avoir prononcé ces mots, elle éclate en sanglots. Et raconte.

— Hier, vous m'avez sauvé la vie. Il y a un mois, mon mari est mort. Et je m'étais juré que je ne passerais pas la fête de Noël sans lui. Oui, vous avez compris... Hier, j'étais résolue à en finir. Mon plan était bien établi : je rentrais chez moi et je me suicidais. Et puis vous avez débarqué guilleret et amusant à la recherche de vos différents articles. Vous m'avez rendu le sourire. Et, ce soir, au milieu de tous ces gens visiblement heureux avec vous, j'ai repris espoir. Je voulais que vous le sachiez...

Roger Pierre, évidemment très touché par le récit, se montre pourtant un peu inquiet.

— Vous allez vraiment bien maintenant ? Vous n'avez plus d'idées noires ?

— Rassurez-vous : je n'essaierai plus de mettre fin à mes jours...

Et la vendeuse, toujours de noir vêtue, disparaît.

Pendant dix années, Roger Pierre n'a pas de ses nouvelles. Un jour, de nouveau à Bruxelles, cette fois en compagnie de Jean-Marc Thibault, il reçoit la visite d'une femme élégante, avec à son bras, un homme.

— Vous me reconnaissez?

Roger Pierre doit bien admettre que ce n'est pas le cas. La dame de la Noël 58 – car c'est elle –, lui rafraîchit la mémoire.

— Je désirais, confie-t-elle, que mon nouveau mari fasse la connaissance de celui qui, autrefois, m'a donné envie de m'accrocher à l'existence...

Comment ça marche ?

Barbara Moore, docteur de son état, âgée de cinquante-six ans, a décidé de concrétiser un projet insolite : partant d'Edimbourg, rallier Londres à pied ! En se lançant dans son périple le 17 décembre 1959 à 11 heures, elle explique à la presse intéressée par cet exploit aussi gratuit qu'inutile :

— Je me donne cinq jours pour arriver à destination.

C'était compter sans le froid et la pluie, pourtant habituels dans le climat britannique de fin d'année. Tout au long de son voyage, Barbara Moore se nourrit exclusivement de jus de fruits et de légumes.

Et, finalement, au bout de sept jours et sept nuits, elle gagne son pari. Les journalistes ayant continué à parler d'elle, durant les cinq ultimes kilomètres, Barbara a droit à des encouragements massifs. Délaissant leur réveillon, de nombreux Londoniens et Londoniennes sont venus acclamer la valeureuse sportive.

Barbara Moore parvient à Marble Arch à 23 h 35 précisément, sous de véritables acclamations. Des automobilistes se sont massivement arrêtés aux alentours et la saluent à coups d'avertisseurs sonores.

Heureuse, mais épuisée, Barbara passe la nuit de Noël dans un hôpital où elle va reprendre des forces sous le contrôle de quelques confrères.

Seul motif d'inquiétude pour Barbara: elle a perdu la trace de son mari, le sculpteur Harry Moore. Celui-ci a enfourché sa moto afin d'aller à la rencontre de sa championne. Mais il n'a réussi qu'une chose: montrer un moins bon sens de l'orientation que son épouse...

Brigitte Bardot adopte une grand-mère

La lettre que Brigitte Bardot découvre la bouleverse. Une dame, Suzon Pénière, lui apprend qu'elle est en train de mourir d'un cancer de la gorge. Son seul trésor, c'est une bague de fiançailles sertie de petits diamants. Comme Suzon ne sait ce que deviendra le bijou une fois le dernier soupir rendu, elle préfère l'offrir à BB, son idole.

Échaudée par des expériences malheureuses, l'actrice fait vérifier l'histoire de Suzon. Elle est on ne peut plus authentique. Brigitte décide alors d'organiser, par surprise, à sa correspondante un Noël inoubliable.

Le 24 décembre 1961, l'actrice achète « une télé portable, un sapin tout décoré, des chocolats, une robe de chambre en laine des Pyrénées, du champagne », comme elle le note dans ses Mémoires[1].

1. Brigitte Bardot – « Initiales B.B. » – Éditions Grasset – 1996.

Son arrivée à l'hôpital Lariboisière ne passe évidemment pas inaperçue. Lorsque Brigitte ouvre la porte de la chambre 218, Suzon Pénière s'évanouit !

Les médecins interviennent et adressent de sérieuses remontrances à la visiteuse qui, selon eux, aurait pu ménager la malade… Revenue à elle, Suzon pleure. De joie.

Privée de cordes vocales, elle exprime par son seul regard son immense gratitude. Brigitte, qui porte la bague, réconforte Suzon et promet de ne jamais l'abandonner. Elle tiendra parole.

Suzon Pénière est alors âgée de soixante-quatre ans. BB va l'aider à guérir et à vivre.

Pendant vingt ans (joli pied nez aux diagnostics médicaux !), les deux femmes célébreront souvent Noël ensemble. Plus tard, à propos de Suzon, BB écrira qu'elle fut sa « première petite grand-mère d'adoption ».

À quoi ça… cerf ?

Le 24 décembre 1974, à Mona, dans l'Utah, aux États-Unis, une famille s'apprête tranquillement à célébrer Noël. Au milieu de l'après-midi, parents et enfants disposent sur le sapin les dernières boules et guirlandes. La température extérieure est douce. Dans le lointain, on entend des chiens aboyer. Les bruits se rapprochent de plus en plus et, subitement, par une fenêtre ouverte, stupéfaits, les occupants de la maison voient débarquer… un cerf ! Visiblement, il est pourchassé par une meute venant de perdre sa trace.

L'animal semble surpris de son atterrissage. D'autant qu'il a bien du mal à se déplacer. En traversant le salon sous les regards ahuris ou incrédules, la brave bête dérape quelques fois, manquant de peu de commettre de gros dégâts. Elle ne perd pourtant pas totalement le nord. Elle repère une autre fenêtre ouverte, s'élance et s'en va rejoindre la forêt toute proche où les sapins sont à la fois plus nombreux et moins décorés.

La tête dans les étoiles

25 décembre 1980. Phénomène identique en France et en Angleterre. Dans la région de Bordeaux, une cinquantaine de personnes ont aperçu ce qu'elles ont appelé des OVNI (objets volants non identifiés). Ces gens qui ne se connaissent pas et dont les habitations sont parfois séparées par plus de cent kilomètres, ont fourni au journal « Sud Ouest » des descriptions similaires :

« Points lumineux volant en formation – ou gerbe lumineuse – se dirigeant du sud-ouest vers le nord-est entre 22 h 07 et 22 h 10 locales (21 h 07 – 21 h 10 G.M.T.). Les membres des équipages de deux avions ont observé la même chose au centre de contrôle aérien de Bordeaux-Mérignac. Des pilotes ont ajouté qu'ils avaient pensé à « des chasseurs à réaction ayant leurs phares d'atterrissage allumés, mais se déplaçant en marche arrière ».

Dans le sud de la Grande-Bretagne, une lueur assez spectaculaire a été remarquée dans le ciel entre 22 heures et 22 h 30. On a parlé d'accident d'avion ou de soucoupe volante. Ce qu'un porte-parole de la Royal Air Force dément. Il semblerait que l'explication tienne à la désintégration d'un satellite artificiel ou d'une météorite dans l'atmosphère. Coïncidence : au moment où les faits ont été notés, une chaîne de télévision britannique diffusait le film « Airport 75 ». Ce qui, dit-on outre-Manche, a pu influencer certaines déclarations.

Une version arrangeant parfaitement ceux qui, pas plus le soir de Noël qu'à une autre date de l'année, ne souhaitent être dérangés par ce qui les dépasse...

Se vouer au Père Noël... ou à ses seins !

On ne peut pas parler de vocation. Plutôt d'une idée. Elle germe dans l'esprit d'une Américaine, Marta Brown, en 1995. La jeune femme cherche du boulot et se dit qu'après tout, elle pourrait très bien incarner... le Père Noël ! Elle prépare un déguisement adéquat et parvient à convaincre son entourage : affublée d'une barbe blanche et d'un costume rouge et blanc, on ne distingue pas à quel sexe elle appartient ! Et l'illusion semble également parfaite pour ses employeurs successifs chez qui elle exécute son numéro de transformation. Lorsqu'elle doit s'adresser aux bambins, Marta Brown prend une voix plus grave. Tout va donc pour le mieux. Jusqu'en 1999.

Le 24 décembre, dans une grande surface, Marta Brown est approchée par un énième enfant accompagné de sa maman. Le gamin observe très attentivement le Père Noël dont, ce jour-là, les vêtements tiennent peut-être un peu plus près du corps. Après de longs instants de silence, le garnement lâche à l'attention de sa mère :

— Dis, c'est normal que le Père Noël, il ait des lolos comme toi ?

Marta Brown ne bronche pas mais, sous sa perruque, elle a encore plus chaud que d'habitude. Les plus grosses sueurs suivies de la douche froide sont pour la fin de la journée.

Car la dame dont le fils n'a pas les yeux dans la poche se rue chez le directeur du magasin et exprime son mécontentement :

— A-t-on décidé ici de casser les rêves des gosses ? Ou bien veut-on provoquer un scandale ?

Le gérant présente de plates excuses, mais il a pris peur et renvoie sur-le-champ la Mère Noël. Qui ne l'entend pas de cette oreille. Marta Brown porte l'affaire devant la Commission du Kentucky des droits de... l'homme !

Il lui aurait peut-être fallu s'adresser à la même institution, mais s'occupant des droits de la femme, car Marta a été déboutée... Pour le rôle de Marie dans la crèche, elle devrait avoir moins de soucis.

Le journaliste aveugle à nouveau prêt à en mettre plein la vue

Victor Riesel vivait dangereusement et il le savait. Au sein du journal new-yorkais qui l'emploie, il s'est taillé une jolie réputation dans l'investigation. Riesel a notamment publié des enquêtes solidement documentées sur des gangsters qu'il a ainsi publiquement dénoncés. Une publicité qui n'a pas été du goût des intéressés.

En avril 1956, Victor Riesel a payé la vérité au prix fort. Il a été victime d'un attentat au vitriol dans lequel il a perdu la vue. Le courageux confrère n'a pourtant jamais désespéré. Il a entrepris tous les examens possibles et imaginables et consulté divers spécialistes.

Après de longs mois de noir absolu, il a commencé à voir partiellement. Et voilà que, ce 24 décembre 1957, son médecin lui affirme :

— Votre œil droit perçoit bien la lumière maintenant. Je suis sûr que cet état-là sera durable.

Riesel n'a pas attendu d'avoir une aussi bonne nouvelle pour se remettre au travail. Dès qu'il a été en mesure d'apercevoir plus ou moins nettement le clavier de sa machine à écrire et ce qu'il y tapait, il a repris le chemin d'une rédaction où il compte rester fidèle à lui-même. Comme par le passé, sur les combines et les malversations, il ne fermera jamais les yeux.

Adresse inconnue

Les lenteurs de la poste ne constituent pas une légende. Ce matin du 24 décembre 1996, quelque part en Sardaigne, madame Cuboni trouve dans sa boîte une lettre revenant avec la mention « Adresse inconnue ».

Elle a été envoyée au Père Noël par Marina, sa fille, alors âgée de 6 ans. C'était en 1971, c'est-à-dire un quart de siècle plus tôt...

Agatha Christie se marie

La rencontre a lieu dans un bal. Agatha Miller accorde plusieurs danses à Archibald Christie, un jeune sous-officier de l'aviation britannique. Elle le trouve charmant. Puis l'oublie. D'autant plus facilement qu'elle a un fiancé.

Le fringant militaire, lui, n'a dès lors plus qu'une idée en tête : retrouver cette ravissante Agatha. Il se procure son adresse et, sans prévenir, débarque chez elle. Où il tombe nez à nez avec sa mère. Agatha est sortie.

— Ce n'est pas un problème, décrète-t-il. Je vais l'attendre.

Madame Miller n'apprécie guère ; sa bonne éducation l'empêche toutefois de laisser le garçon dehors. Agatha est surprise, mais pas agacée de la visite. Elle et Archibald bavardent, se revoient et, très vite, Christie va droit au but :

— Je veux vous épouser !

La demoiselle est interloquée et tente de calmer ses ardeurs.

— Dois-je vous rappeler, Archie, que je suis promise à un autre ?

Christie hausse les épaules.

— Des fiançailles, cela se rompt !

Est-ce le discours qu'Agatha a envie d'entendre ? Le fait est qu'elle envoie bel et bien promener son officiel chevalier servant et accepte d'envisager l'avenir avec Christie. Qui n'obtient pourtant pas d'emblée ce qu'il désire. Les familles respectives sont parvenues à retarder la date d'un mariage difficilement envisageable pour des questions financières.

Le gaillard est tenace. D'autant qu'entre-temps, la guerre éclate et qu'il va être tenu éloigné de sa dulcinée. Alors, profitant d'une permission, il précipite les événements.

À Clifton, où réside sa mère, il improvise en catastrophe. Et expédie les formalités sans la présence de parents proches. Le 24 décembre 1914, Agathe Miller devient donc Madame Archibald Christie.

Bien plus tard, dans son « Autobiographie », elle écrira :

« Juste au moment où la cérémonie allait commencer, je songeai soudain, avec tristesse, qu'aucune mariée n'aurait pu prendre moins de soin de son apparence. Pas de voile blanc, pas de robe élégante. Je portais une jupe et une veste ordinaires et un petit chapeau en velours rouge. Je n'avais pas eu le temps de me laver les mains ou la figure. Cette constatation nous fit rire tous les deux. »

Sur le moment, les mamans boudèrent. Mais, dès le lendemain, celle d'Agatha recevait le couple pour Noël. Quelques heures plus tard, Archie rejoignait la France où les très dures réalités de l'heure le réclamaient. Pendant six mois, il allait être séparé de son épouse.

Agatha et Archie divorcèrent en avril 1928. Dans son « Autobiographie », parue en 1977, la créatrice d'Hercule Poirot se souvenait de l'époque où son premier mari s'était déclaré.

« J'étais vraiment stupide. J'aurais dû savoir que lorsqu'un homme ressemble à ce point à un mouton malade, qu'il a l'air abruti, qu'il est incapable d'écouter ce que vous dites, c'est, comme on dit vulgairement, qu'il a pris du plomb dans l'aile ».

Ce qui, chez un aviateur, peut compromettre une carrière...

Quatre semaines en ballon

L'idée naît un beau matin de novembre dans la tête d'une petite Italienne. Teresa Crotti – c'est son nom – habite à côté de Turin et pense à la fin de l'année. Sur une carte de circonstance, elle rédige des vœux. À qui s'adressent-ils ? Teresa l'ignore. Ce qu'elle sait, en revanche, c'est qu'elle va profiter de la fête foraine pour les envoyer. Mais pas par la poste.

Le 25 novembre 1957, elle achète un gros ballon, attache consciencieusement le pli à la ficelle, puis laisse le tout s'envoler. Les jours puis les semaines passent. Teresa n'a pas de nouvelles. Jusqu'au 24 décembre.

Ce matin-là, la fillette découvre dans le courrier une missive venant de France. Une autre enfant, Marie-Jeanne Lagier, demeurant à Embrun, près de Briançon, a réceptionné le ballon. Elle a été touchée des quelques mots et y a répondu. Teresa avait raison d'y croire : les messages émanant du cœur peuvent déplacer et franchir les montagnes.

Les crocodiles sans les larmes

Diana Cleverly a davantage le goût du risque que celui des Noëls traditionnels. Au tout début de cette journée du 25 décembre 1962, cette Néo-Zélandaise de 29 ans plonge dans le lac Nyasa. Elle a décidé de le traverser à la nage. Pas question de penser qu'elle pourra encore profiter de la bûche en fin de déjeuner. Ce sont trente-deux kilomètres que la demoiselle doit parcourir !

Diana Cleverley est suivie de près, à la fois par des hommes armés à bord d'un canot automobile, et par une patrouille se trouvant dans un petit avion. Il faut dire que le lac Nyasa est infesté de crocodiles ! Si bien que, après neuf heures et cinquante-sept minutes, quand Diana met un pied sur le rivage de Salima, elle constate, rassurée, qu'elle a encore le second...

L'Enfant Jésus livre une voiture lance-fusées

Le petit garçon ne s'adresse pas au Père Noël, mais à l'Enfant Jésus. Il lui écrit:

— Apporte-moi, s'il te plaît, une voiture lance-fusées.

Comme il a entendu dire que son correspondant habite au ciel, le bambin colle sa lettre à trois ballons que, confiant, il regarde s'envoler. Ce gamin habite à Hann, sur les bords de la Ruhr.

Un peu plus tard, à côté du village de Sinceny, dans le département de l'Aisne, un chasseur démêle les ficelles accrochées aux branches d'un arbre.

Il prend connaissance du message, puis en fait part à de nombreux habitants de la localité qui se cotisent afin de réaliser le vœu du bambin. Cette année-là, à Hann, dans une petite tête blonde, le 24 décembre 1964, l'Enfant Jésus a définitivement supplanté le Père Noël.

En dessous de la porte...

Une nuit de Noël, l'écrivain Julien Green quitta son bureau après avoir longuement écrit. Un peu plus tard, « quelque chose » l'incita à y retourner. Par-dessous la porte, il vit de la lumière alors qu'il était certain d'avoir éteint toutes les lampes. Il ouvrit et, tétanisé, distingua une silhouette penchée sur les pages tout récemment noircies... Green fit demi-tour, puis, s'en voulant d'avoir été couard, revint dans la pièce. Mais, cette fois, il n'y avait plus personne et l'obscurité y était totale...

L'invitation de trop

— Christina, je vous ai demandé mes lunettes, pas des ciseaux ! soupire Nick Blackwell.

Par la porte de communication, la coupable surgit.

— Il s'agit d'une paire quand même, risque-t-elle sur le ton de l'humour.

Ce jour-là, le boss se montre de bonne humeur.

— Et avec le verre de mes montures, je pourrais presque découper l'article dont j'ai besoin dans le « Times »...

Parfois distraite, Christina Evans, vingt-neuf ans, jolie rousse aux formes généreuses, occupe le poste de secrétaire de Nick Blackwell, quarante-cinq ans, PDG des appareils ménagers du même nom, grâce à des dons peu communs. Ainsi possède-t-elle une mémoire exceptionnelle lui permettant de répondre à (au moins) mille questions sans devoir consulter la moindre note. Elle se montre capable de réciter des listes entières de clients par ordre alphabétique avec adresse complète et, quelquefois même, numéro(s) de téléphone. Elle éprouve davantage de difficultés avec les mails, mais elle commence à en emmagasiner un certain nombre déjà.

Christina peut également situer des événements parfois anciens à leurs dates très précises. Lorsque Nick Blackwell lui demande : « Christina, vous n'avez pas une petite idée de l'époque où nous avons organisé le dernier séminaire de marketing avec l'équipe de Philip Collins ? », dans la seconde, il entend « Le 27 mars 2001 au Savoy. »

Miss Evans fait également preuve d'une intelligence assez fine. Elle peut lire les dossiers les plus ardus une seule fois et, dans les trente minutes, en fournir les points essentiels à son employeur.

Conscient d'être tombé sur une perle rare, Nick Blackwell considère un peu Christina comme son bras droit, et non pas comme une simple secrétaire. D'ailleurs, lorsqu'il la présente à des visiteurs, il utilise souvent ces mots :

— Voici mon assistante !

Ou, mieux encore :

— Miss Evans est ma principale collaboratrice.

Il est vrai qu'au sein de sa boîte, Nick Blackwell qui, dans une existence antérieure, a dû être roi d'Angleterre, a mis au point un système vraiment très monarchique. C'est-à-dire qu'au sommet de l'organigramme, il n'y a personne à gauche et personne à droite ! Tous les autres – lui rendant compte directement – sont en bas, exactement comme des sujets au pied d'un trône !

Seule Christina Evans est parvenue à se hisser juste au-dessous du nom du souverain, même si le sien a été imprimé en italique. Une police de caractères et une position dont quelques directeurs enfouis très bas, et parfois à peine distingués de vagues responsables de services, se seraient contentés. En fait, on ignore pourquoi Nick Blackwell s'est un jour astreint à établir ce genre de graphique puisque sa philosophie de management pourrait se résumer en ces quelques mots :

— Il y a moi. Puis les autres !

Travailler dans l'ombre du Roi-Soleil à longueur de journée constitue donc un privilège qui, naturellement, suscite des jalousies chez toute personne se sentant l'âme d'un courtisan. Mais voilà : pour courtiser, il faut pouvoir approcher le dieu de l'électroménager ! Hélas, espérer avoir un rendez-vous avec la reine d'Angleterre doit représenter un rêve plus accessible...

Entre ses quatre lignes téléphoniques fixes, ses trois portables, ses voyages incessants dans Londres (où il ne se déplace que dans sa Bentley bleu marine pilotée par un chauffeur), ses déplacements à l'étranger (bien qu'il les limite, ayant toujours eu une peur panique de l'avion), son épouse, Joyce, et leurs jumelles de dix ans, Cheryl et Alys, Nick Blackwell n'a pas de temps à perdre. À quarante-huit ans, il ne parvient plus que rarement à s'adonner aux joies du sport. Autrefois, son physique d'athlète a pu être remarqué sur les terrains de foot amateur. Son mètre quatre-vingt-deux en faisait un solide défenseur dont les reprises de la tête ont fait trembler plus d'un gardien de but et abouti au fond de bien des filets.

Par la suite, il s'est consolé avec le jogging, puis la natation. Et, aujourd'hui, de nombreux copains de son âge insistent :

— Rejoins-nous au golf, tu verras, c'est super !

Mais Nick ne s'y résout pas. À sa femme qui le pousse également à s'inscrire dans un club très huppé où quelques-uns de leurs amis le parraineraient volontiers, il répond :

— Des années durant, j'ai couru je ne sais combien de fois pendant quatre-vingt-dix minutes après un ballon et je me suis battu pour l'attraper! Taper dans une ba-balle en restant statique au milieu des « oh! » et des « ah! » me donnerait l'impression d'être dans le jardin d'une maison de retraite…

Bref, le seul sport que Blackwell pratique, c'est le boulot! Et, dans cette discipline-là, il a quitté la place de défenseur pour celle d'attaquant.

Le capitaine de l'équipe qu'il dirige depuis une dizaine d'années se montre très exigeant et n'hésite pas à piquer des colères lorsqu'il n'obtient pas ce qu'il désire.

En quatre années de collaboration, Christina a évidemment fini par comprendre le mode de fonctionnement du boss, ce qui ne la met pas pour autant à l'abri des crises de mauvaise humeur de Blackwell.

D'autant que la jeune femme, dont on a cité les qualités, ne manque pas de défauts. Comme tout un chacun. Mais chez elle, il y en a un en particulier qui a tendance à s'aggraver avec l'âge: elle multiplie les gaffes.

Intellectuelle brillante, la jolie rousse se destinait à enseigner le français et l'allemand quand une annonce a fait dévier son chemin vers l'entreprise Blackwell. Sa formation et ses capacités à retenir durablement les données les plus variées l'ont imposée dans un fauteuil réputé – à juste titre – éjectable puisqu'avec des durées de séjour variables, en neuf ans, cinq candidates avaient finalement été priées de rentrer à leur domicile dans les plus brefs délais.

Si Christina peut se concentrer pendant des heures durant, à un moment, son esprit en surchauffe se déconnecte tout seul et se met à dérailler quelque peu.

Toujours habitée par le souci d'agir aux mieux des intérêts de M. Blackwell et ne refusant jamais les tâches supplémentaires même lorsque son agenda déborde déjà à toutes les pages, sans s'en rendre compte, Christina frôle régulièrement le surmenage.

Un jour, Nick lui demande de l'accompagner au restaurant afin de l'assister dans une négociation difficile. La demoiselle s'y rend et, discrètement, fournit les indices décisifs à son employeur. La discussion, très serrée, dure deux heures et s'achève à l'avantage de Blackwell. Christina dissimule sa satisfaction, mais au fond d'elle-même, une soupape vient de s'ouvrir. Elle renverse d'abord un verre d'eau. Puis joue nerveusement avec sa bague qu'elle laisse tomber dans la tasse de café de son voisin avant de se lever brusquement traînant – involontairement – la nappe dans son sillage...

Une autre fois, Christina doit prendre l'avion avec Nick qui, avant le décollage, a avalé trois somnifères afin de ne pas se rendre compte de l'endroit où il se trouve. Ce n'est qu'à la dernière minute que l'assistante a été priée par son patron de le suivre (toujours à cause de sa phobie des transports aériens). Débordée, elle a réservé un billet in extremis car, le lendemain, elle devait embarquer. Elle s'est rendue à l'aéroport par ses propres moyens, a sauté dans l'appareil, a cherché Blackwell, ne l'a pas trouvé et a compris, mais trop tard, qu'elle s'envolait pour Munich alors que Nick était parti – et elle n'osait imaginer dans quel état – vers Berlin…

Quatre mois plus tard, Christina fait porter des fleurs à Dora Ingels, ravissante quadragénaire divorcée ayant montré à diverses reprises à Nick qu'elle n'était pas insensible à son charme, avec ces mots : « Je pense beaucoup à vous et vous embrasse. »

Dans les deux heures suivant la réception du superbe bouquet, Dora appelle Nick et, plus charmeuse que jamais, s'exclame :

— Enfin !

En définitive, entre deux portes, Nick avait demandé à Christina d'envoyer un montage ou une gerbe à Lara Julianos, une autre de ses amies, venant de perdre sa mère...

— Oui, d'accord, je me suis trompée ! admet Christina. Mais je confonds ces deux femmes !

Se ressemblent-elles physiquement ? Pas le moins du monde ! L'une est blonde, l'autre brune. La première est plutôt ronde ; la seconde maigre... Mais, avec le plus grand sérieux, Christina achève son plaidoyer pro domo par cet argument pouvant laisser songeur :

— Franchement, Dora, Lara, pour moi, c'est la même chose !

Ce vendredi-là, l'orage gronde dans le bureau de l'assistante. Et il s'en faut de très peu pour que la foudre ne réduise la belle en poussière...

Trois semaines s'écoulent. Nous sommes le 1er décembre 2001.

— Christina, j'organise un réveillon pour trente personnes. Je ne suis pas en avance. Alors dès ce soir, faites partir les cartons à l'imprimerie ! Voici la liste des invités !

La demoiselle pose les documents sur la pile des urgences. Mais il y en a tellement en ce moment, presque plus que dans un hôpital aux pires heures des encombrements !

Et il arrive au « dossier Noël » ce qui, malheureusement, peut advenir d'un patient inscrit après beaucoup d'autres : il est négligé...

Cinq jours plus tard, Christina retombe sur les notes de Nick et a un coup de sang. Elle téléphone à l'imprimeur et lui dicte le texte en le priant de se surpasser pour le délai de livraison. Le bonhomme accepte de travailler une soirée entière afin de sortir Christina du pétrin.

— Je viendrai moi-même chercher la livraison ! prévient-elle.

Et, la nuit, prenant sur ses heures de sommeil, Miss Evans parcourt les rues de Londres afin de déposer les invitations dans les boîtes aux lettres !

Le lendemain matin, après avoir dormi deux heures, Christina débarque à son boulot au milieu d'un brouillard plus dense encore que celui ayant envahi certains coins de la capitale. Elle est brusquement sortie de sa somnolence par un homme hurlant son prénom. Pas de doute possible : elle ne dort pas, et Nick non plus ! Elle a à peine franchi la porte de communication des deux bureaux que le patron se lance dans une diatribe composée de questions auxquelles il apporte lui-même les réponses, le tout sur un ton particulièrement cassant.

— Savez-vous qui a téléphoné à mon épouse, à 7 h 30 ? Lara Julianos. Et elle s'est gentiment moquée de nous !

— À cause des fleurs pour sa mère ? ose Christina qui, à cet instant-là, ne voit absolument pas où Blackwell veut en venir.

— Taisez-vous ! crie-t-il.

— Lara a reçu seulement ce matin, sans timbre, mon invitation pour le réveillon. Et savez-vous où il est indiqué que la fête aura lieu ? Chez vous !

— Ce n'est pas possible ! ricane Christina.

— Joyce a vérifié auprès de quatre de nos amis. Non seulement ils n'ont été avertis que ce matin de notre manifestation, mais tous ont bien été informés qu'ils devaient se rendre à une adresse qui leur est inconnue. Lorsque ma femme m'en a parlé, je n'ai pas été long à comprendre. Non seulement vous avez exécuté mes ordres avec quinze jours de retard mais, en plus, dans la précipitation, vous avez fourni de mauvais renseignements! Il y a trois conséquences à votre acte. Le premier: plusieurs personnes ne pourront se rendre à mon réveillon. Le deuxième: de nombreuses autres n'ont pas fini de se moquer de Joyce et de moi-même. Et la troisième…

Nick Blackwell, qui jusqu'alors s'agitait sur son fauteuil, se lève d'un bond et hurle:

— Vous êtes virée! Je vous donne une heure pour débarrasser le plancher!

Christina se rend parfaitement compte de la situation. Elle ne proteste même pas. Conservant son calme, elle regarde Nick Blackwell en silence, ce qui le décontenance. Elle finit par dire:

— Je crois que c'est le premier vrai service que vous me rendez. Pas lourd en comparaison de tous ceux dont, grâce à moi, vous avez été le bénéficiaire. Je ne parle pas de mon job, non, mais de tout ce qui n'en relevait pas, les préparatifs d'un réveillon privé, par exemple. Il fallait effectivement que cela cesse, vous avez raison. Je n'ai jamais compté les jours, les semaines, les mois que j'ai sacrifiés à cette boîte. Il est grand temps que j'aille les récupérer. J'y vais de ce pas!

Mal à l'aise – premier fait rarissime chez lui –, Blackwell ouvre la bouche trop tard – deuxième fait rarissime –; Christina a tourné les talons et fermé la porte. Et – troisième fait rarissime – Nick réalise qu'il a perdu. À la fois un combat inutile et une collaboratrice unique.

❄❄

24 décembre, dans la soirée. Chez les Blackwell, les bouchons de champagne sautent et les «Joyeux Noël» fusent depuis une

bonne heure. Paniquée à l'idée de se retrouver à la tête d'une réception désertée, Joyce Blackwell a finalement attiré encore plus de monde que prévu initialement ! Et, contrairement à ce qu'elle et son mari craignaient bêtement, plus personne n'évoque le – petit – incident des cartons distribués à la hâte et mentionnant une adresse erronée.

En fait, seul Nick pense encore à cet incident. Et malgré sa famille, ses amis et le Moët & Chandon coulant à flots, il ne peut s'empêcher de chasser ce pincement au cœur lui gâchant sa soirée.

Dès qu'il a jeté Christina de l'entreprise, il a réalisé que, là, l'auteur de la gaffe, c'était lui. Et il regrette comme jamais. Dans sa carrière de patron, il en a viré des gens. Ce fut parfois triste mais, jusqu'alors, Nick n'avait pas éprouvé, à tort ou à raison, le sentiment de s'être montré injuste. Dans le cas de Christina, il se trouve surtout idiot. Bien sûr que cette perle rare était surchargée depuis de longs mois, qu'elle menaçait sans cesse d'imploser et que, lui, Nick, en rajoutait, parce que Christina n'avait jamais émis la moindre réticence et parce que – il devait bien l'avouer – il n'avait totalement confiance qu'en elle.

Alors, oui, il s'était largement fourvoyé. Et, cerise sur le gâteau de Noël, sa fierté et son orgueil l'avaient même empêché d'essayer de retenir la demoiselle. Il ne lui avait même pas dit au revoir. Une fois de plus – la dernière –, Christina avait parfaitement respecté les règles imposées. Nick lui avait donné soixante minutes pour vider les lieux. Elle n'avait pas débordé de trente secondes. Après l'heure fatidique, Nick, prostré dans son bureau, avait entendu les pas de sa désormais ex-secrétaire s'éloigner. Il avait tapé un coup de poing rageur sur son bureau… et s'était fait mal.

23 heures 10. La fête bat son plein. Nick prétexte un mal de tête et des médicaments à trouver pour s'éclipser. Malgré son aversion pour la conduite automobile, il saute dans sa Bentley et roule jusque chez Christina. Une trentaine de minutes plus tard, il sonne à son domicile. Pas de réponse. Il attend un quart d'heure. En vain. Puis écrit un mot.

« Chère Christina,

Je ne voulais pas laisser passer cette nuit de Noël sans venir vous présenter mes excuses. J'ai été odieux. Je ne mérite sans doute pas votre pardon. Je désirais simplement, du fond du cœur, vous remercier pour ces quatre belles années passées en votre compagnie. À l'occasion, appelez-moi, cela me fera plaisir d'avoir de vos nouvelles. Et si, d'aventure, vous désiriez récupérer votre poste, faites-le moi savoir !

Je vous souhaite, malgré ma conduite, un joyeux Noël. »

Dès qu'elle a franchi le seuil des établissements Blackwell après avoir signé les documents de son licenciement, Christina s'est octroyé un repas copieux sans consulter sa montre, sans se demander si elle avait le temps de commander un dessert et si elle n'allait pas se brûler en avalant un thé car il ne lui restait plus que dix minutes pour le consommer, réclamer l'addition, la régler et courir vers son bureau !

Ensuite, repue et sereine, elle est rentrée chez elle, a pris une douche et, aux alentours de seize heures, s'est glissée dans son lit avec une volupté qu'elle n'avait plus connue depuis... Elle n'eut pas la possibilité de s'en souvenir car, en trois secondes, elle s'endormit jusqu'au lendemain matin !

Le 24 décembre, pendant que Nick griffonne quelques mots sur une carte de visite, Christina s'esclaffe au milieu de sa famille, ses parents, son frère, sa belle-sœur et ses nièces. Bien sûr, son père et sa mère s'inquiètent pour son avenir professionnel.

— Pas de panique ! les rassure-t-elle. Je viens de toucher une jolie somme. Je vais évidemment chercher un emploi, mais sans me presser.

Deux semaines de vacances vont d'abord me permettre d'y voir plus clair !

Christina regagne son domicile vers trois heures, mais ce n'est que le surlendemain qu'elle pense à ouvrir sa boîte aux lettres où elle découvre le message de Nick.

La démarche la surprend beaucoup de la part d'un être d'habitude si sûr de ses actes et si peu apte à reconnaître ses erreurs. Et en préparant sa valise – elle part visiter l'Écosse dès le lendemain –, Christina se dit que son départ aura peut-être servi à Nick Blackwell à s'améliorer humainement.

Puis, elle s'envole pour Glasgow et se plonge, certes dans le froid et l'humidité, mais surtout dans ces vieux châteaux qui la fascinent tant. Christina apprend plein de choses, dévore des bouquins et a l'impression de redevenir étudiante. Et si, d'ailleurs, elle retournait sur les bancs de l'école ? La perspective la tente. Étudier l'Histoire à l'université ? Chiche !

À son retour à Londres, Christina Evans a laissé mûrir le projet. Impossible évidemment de prendre en marche une année scolaire. Mais la demoiselle se renseigne déjà en vue du mois de septembre et réfléchit à la réorganisation de son existence quand son portable sonne. Appel masqué. Christina décroche.

— Bonjour, c'est Nick. Je vous dérange ?

— Euh... Bonjour... Non... Je n'aurais pas imaginé que vous m'appeliez. Je suis étonnée, voilà tout.

— Pourquoi ?

— À cause de ce qui s'est passé.

— Vous avez trouvé mon mot ?

— Oui.

— Qu'en avez-vous pensé ?

— Peu de choses parce que je partais en vacances et que je ne suis rentrée que depuis quarante-huit heures.

— Vous m'en voulez toujours ?

Elle soupire.

— Je vous en ai voulu de vous être montré aussi ingrat à mon égard. C'est vrai que, ces derniers temps, j'avais accumulé quelques gaffes, mais je ne me rendais même plus compte à quel point j'étais épuisée. Mon comportement tenait davantage de celui du robot. Et comme on sait, aucune machine n'est infaillible...

— Christina, je suis le seul responsable de cet immense gâchis. Je vous ai surchargée à outrance, pas par goût de la surexploitation, simplement parce que je n'avais jamais eu à mon service quelqu'un d'aussi fiable, d'aussi brillant...

— Pas de bol ! J'aurais été médiocre, j'aurais donc conservé mon travail... Virée parce que fiable et brillante ! Le sujet pourrait intéresser la presse...

Blackwell se cabre.

— Vous plaisantez, au moins ?

— Vous proférez de telles énormités !

— Mais lesquelles ?

— Celles revenant à admettre que vous m'avez licenciée parce que j'étais une collaboratrice exceptionnelle.

— J'admets la maladresse. En réalité, depuis que vous êtes partie, je suis paumé. J'ai déjà essayé deux filles archinulles et je sens que la dépression nerveuse me guette...

Christina rit.

— Prévenez la sécurité et ne la laissez pas entrer !

— Vous avez bien le droit de vous moquer de moi…

Un temps, puis :

— Vous avez un nouveau job ?

— Je n'étais pas en vacances pour en trouver un.

— Revenez, Christina !

— Je n'ai pas dit que je n'allais pas me relancer sur le marché de l'emploi.

— À quoi bon ? Le bureau à côté du mien est toujours à vous.

— J'aurais bonne mine de me pointer chez vous même pas un mois après avoir été jetée…

— La belle affaire ! Je suis prêt à redéfinir votre profil de fonction et à vous octroyer des conditions financières très supérieures.

— Il y a une seule question que vous avez oublié de me poser.

— Laquelle ?

— Avez-vous envie de reprendre votre poste ?

— Alors ?

— Non.

Nick s'étrangle presque.

— Non?

— Non.

— Je double votre salaire et vous donne une assistante pour les tâches subalternes.

— Pas mal!

— Tentée au moins?

— Je ne sais pas.

— Réfléchissez! Je vous rappelle dans deux jours. OK?

— OK.

Et Christina raccroche, légère et heureuse.

**

La conversation qu'elle eut avec Nick conforta Christina dans les décisions qu'elle s'apprêtait à prendre. Et, le jour dit, elle le lui expliqua:

— Je décline votre offre parce qu'elle vient trop tard. Voici un mois ou deux, je l'aurais acceptée sans l'ombre d'une hésitation. Mais voilà, entre-temps, vous m'avez obligée à tourner une page. Et, très vite, j'en ai été soulagée. Moi, je crois à ces signes du destin; ils ne trompent pas. On ne revient pas en arrière et les vrais faux départs ou les faux vrais redémarrages ne mènent nulle part...

Quelques mois plus tard, tout en enseignant le français et l'allemand à mi-temps, Christina Evans, étudiante de près de trente ans, se passionnait pour l'Histoire de la Grande-Bretagne comprenant presqu'autant de rois que Nick Blackwell avait déjà renvoyé de secrétaires...

Les poids et Walter

Il s'appelle Walter Hudson et, le 25 décembre 1987, il fait parler de lui dans les médias américains, relayés par ceux de beaucoup d'autres pays. Vautré dans son canapé, il pose à côté d'un magnifique sapin de circonstance et non loin d'une image du Christ ainsi que d'une statue de la Vierge Marie. En pesant trois cent quatre-vingt-dix-sept kilos, cet habitant de Hempstead, dans l'État de New York, est l'homme le plus gros du monde. Et pourtant, la fête de Noël a été pour lui l'occasion de célébrer une victoire d'importance. Car, en trois mois, Walter a considérablement maigri ! Au plus haut de ses abus de nourriture et de boissons, sa balance a affiché cinq cent quarante-quatre kilos ! Ces dernières semaines, Hudson n'a plus absorbé que de l'eau minérale, des jus de fruits et une formule vitaminée. Un grand jour donc pour Walter Hudson qui, pour la première fois depuis très longtemps, a pu... franchir la porte de la pièce dans laquelle il vit ! En ces temps de la Nativité, il s'est promis de ne plus écouter ses vieux démons et de continuer la descente, non pas aux enfers, mais vers des mensurations grâce auxquelles, un de ces prochains 25 décembre, il ne ressemblera plus à une grosse boule.

Ça passe ou ça casse

24 décembre 1986. Un marinier belge, prénommons-le Hans, est pressé de rentrer chez lui afin d'y fêter Noël. À la barre de sa péniche, il met la gomme. Il emprunte l'écluse de Brissy-Hamegicour, sur le canal reliant l'Oise à la Sambre. Mais il s'aper-

çoit rapidement que le gabarit de son navire (5,09 mètres) est légèrement supérieur à celui de l'écluse (5,05 mètres). Hans se dit que pour quatre centimètres, il doit y avoir moyen de trouver une solution. À deux reprises, il tente de franchir l'obstacle. Puis il fait demi-tour. Mais sans pour autant avoir renoncé. Croyant sans doute fermement à un miracle en cette semaine de Noël, le gaillard fonce à toute allure, sûr de forcer le passage. Et, accessoirement, la logique arithmétique.

Résultat: Hans est resté coincé plusieurs jours dans l'écluse. Une veille de Noël, il ne trouva personne pour le dépanner. Hans avait dû rester sur l'eau et sa fête y était tombée...

Il ne sait où crécher

Décembre 1997. Tony Grant, soixante-six ans, a été ingénieur et a eu une vie très active. Mais voilà: il a dû prendre sa retraite et s'est retrouvé seul. Une solitude qu'il éprouve bien des difficultés à combattre. Et plus la période de Noël approche et plus, psychologiquement, l'obstacle lui semble insurmontable. Il ne peut pas imaginer rester chez lui en tête à tête avec lui-même. Alors, il lui vient une idée pour le moins originale: passer Noël dans une prison! Pas comme visiteur, non, mais en tant que pensionnaire. Tony Grant, habitant à Nottinghamshire, dans le centre de l'Angleterre, s'adresse aux autorités pénitentiaires locales qui, d'abord, tombent des nues! Puis, en rencontrant l'homme qui leur inspire confiance, elles accèdent à sa demande. C'est ainsi que le 24 décembre 1997, Tony Grant, plutôt bien reçu, partage le repas de Noël de cinq cent soixante-dix prisonniers de droit commun. Et qu'ensuite, contrairement à ses compagnons d'un soir, joyeux, il gagne une cellule, point de chute d'un réveillon curieusement désiré.

Une table pour deux

Il est environ 13 heures ce 24 décembre 1979 quand Frank Winand pénètre au hasard dans un restaurant du centre de Coblence. Il s'arrête dans l'entrée et n'est pas le premier à attendre que l'on s'occupe de lui. À dix centimètres devant lui, une jeune femme patiente également. Le chef de salle se dirige vers elle, la salue et demande en regardant également Frank :

— Vous êtes ensemble ?

— Oui !

Frank a répondu avec une telle assurance que, dans l'esprit de son interlocuteur, pas l'ombre d'un doute ne s'installe. Et tout va tellement vite que l'inconnue a à peine le temps de jeter un regard furtif à Frank qu'elle est conduite à une table dressée pour deux. Elle ne semble ni furieuse, ni ravie de la situation. En tout cas, elle se laisse emporter par le mouvement. Comme Frank, elle confie son vestiaire à un employé puis s'assied. L'homme plutôt surprenant ne perd pas une seconde.

— Je me présente : Frank Winand, représentant de commerce, je suis de passage à Coblence où je ne connais pas grand monde. Je devrais m'avouer désolé de vous avoir importunée mais, étant du genre sincère, je ne sais pourquoi, je suis ravi de me retrouver en face de vous…

Deux ou trois secondes de silence. La jeune femme esquisse un fin sourire.

— Et moi, je n'aurais pas dû accepter cette mascarade et, dès l'expression de votre effronterie, tourner les talons dans la direction opposée à celle que vous preniez. Et pourtant… Il serait d'ailleurs encore temps de vous signifier que votre goujaterie m'a amusée un instant mais que je ne suis pas prête à jouer dans un scénario que vous avez dû bien roder…

— Restez… Je ne vous décevrai pas.

Elle rit.

— Et sûr de lui, en plus !

— Ni de moi, ni du reste. Et, contrairement à ce que vous pouvez penser – mais, certes, les apparences sont contre moi – je n'ai ni préparé ni répété le moindre numéro.

— Vous draguez souvent de cette manière ?

— Je vous demande de me croire : jamais !

— Pas mal pourtant comme truc, original en tout cas. Imaginez que j'attende quelqu'un, que feriez-vous maintenant ?

— Vous auriez protesté plus tôt.

Elle sourit à nouveau malicieusement.

— Pas faux !

— Nous avons déjà réussi ensemble à rendre un service.

— Lequel ?

— Grâce à nous, une table de plus se trouve libre !

— Alors si c'est pour rendre service… Je me présente à mon tour. Je m'appelle Kristen Meinolf, je suis juriste.

Ils ont tous deux autour de quarante ans. En prenant la carte qu'on leur tend, ils s'observent furtivement. Frank est de taille moyenne, les cheveux blonds mi-longs, le visage rond, les yeux pleins de malice. Kristen est brune aux yeux verts, jolie femme, élégante, les traits fins, portant de petites lunettes à la monture métallique.

— Vous êtes déjà venu ici ?

— Non. Je passe par Coblence plusieurs fois par an pour mon travail, mais je ne connais pas bien la ville.

— Que vendez-vous ?

— Des machines à lessiver.

— Et vous en êtes content ?

— Non.

— Elles ne sont pas de bonne qualité ?

— Non.

Kristen s'amuse.

— Et vous espérez en vendre beaucoup en tenant un tel discours ?

— À mes clients, je raconte des salades.

— Et ils les avalent ?

— Assez souvent. Disons que j'emballe mes machines dans de beaux paquets cadeaux.

— C'est l'époque !

— Si on veut car on offre rarement une machine à laver à Noël…

— Vaut mieux recevoir ça qu'un gadget inutile qui finira au fond d'un placard ou un livre qu'on ne lira pas.

— Vous devriez prendre ma place, sans connaître le produit,

vous avez déjà trouvé un argument auquel je n'avais pas pensé. Et vous, vous êtes une habituée de ce restaurant ?

— Je change souvent d'endroit.

— Vous habitez Coblence ?

— Oui. Et vous ?

— Cologne. Qu'est-ce que vous mangez ?

— Une sole grillée.

Le maître d'hôtel vient d'arriver, son carnet à la main.

— Ce sera deux soles grillées, annonce Frank. Vous buvez du vin ?

— Volontiers.

— Mettez-nous ce que vous avez de mieux pour arroser nos soles, je vous fais confiance !

— Bien, monsieur.

L'employé s'éloigne. Frank précise.

— Il est entendu que c'est moi qui vous invite.

— Pourquoi serait-ce entendu ?

— Je vous dois bien ça.

— Vous ne me devez rien.

— Si, de ne pas déjeuner seul.

— La perspective vous effrayait à ce point ?

— Effrayait, non. Ennuyait, oui.

— Vous m'avez à peine vue lorsque vous m'avez embarquée dans votre délire.

— Oui et je n'avais rien prémédité. J'ai moi-même été un peu surpris de mon initiative. Et autant de votre réaction.

Kristen se délecte presque.

— Vous auriez préféré que je vous gifle ? Ou que je hurle : « Je ne suis pas celle que vous croyez ? »

— J'avais envie d'inattendu.

Kristen dévisage ce type pour le moins intrigant.

— Vous êtes seul sur la route ou dans la vie ?

— Les deux.

— Moi, je parie que vous êtes marié mais que cela ne va plus du tout avec votre femme…

— Pourquoi ?

— Parce que tous les dragueurs d'environ votre âge jurent la même chose.

— Ils ne mentent pas tous.

— Vous, par exemple.

— Pas besoin, je ne suis plus marié.

— Vraiment ?

— Vraiment divorcé depuis deux ans et demi. Au fait, vous êtes juriste ou flic ?

— J'adore poser des questions. Tant pis pour vous !

— Je ne déteste pas.

— Des enfants ?

— Non. Et vous ?

— Non plus.

— Un mari, un fiancé ?

— Je n'ai pas dit que j'aimais répondre aux questions.

— Vous ne portez pas d'alliance.

— Peut-être pour mieux brouiller les pistes.

— Une femme mariée déjeunerait avec un inconnu qui l'invite de façon aussi impromptue ?

— Une femme mariée, je ne sais pas. Une femme curieuse, oui. Et je suis curieuse des gens.

La suite de la conversation porte sur la gastronomie, le vin servi, le poisson qui suit. Et Noël qui ne va plus tarder.

Frank et Kristen bavardent sans gêne, sans longue interruption.

— J'ai l'impression que l'on se connaît depuis un certain temps déjà, lance Frank.

— Autre vieux truc de dragueur, rétorque Kristen cette fois taquine.

Frank comprend le jeu.

— Et cela vous gênerait si je vous draguais ?

— Non. Mais vous n'auriez aucune chance.

— Votre cœur n'est plus à prendre ?

— Disons ça.

— Vous passez le réveillon à Coblence ?

— Oui.

— Avec l'homme qui a pris votre cœur ?

— Je serai entourée de plusieurs personnes, ne cherchez pas davantage. Et vous ?

— Le compte sera plus vite fait : je serai seul.

Le repas s'achève. Après avoir demandé l'addition, Frank sort son portefeuille de la poche intérieure de son veston et en tire une carte de visite qu'il tend à Kristen.

— J'imagine que vous n'en ferez rien ou même que vous allez la jeter très vite à la poubelle, mais on ne sait jamais…

Kristen regarde son drôle d'interlocuteur.

— Vous êtes un homme vraiment atypique.

— Je dois le prendre comme un compliment ?

— Peut-être…

Et elle se lève.

— Je dois filer, le devoir m'appelle. Merci pour le déjeuner.

Et Kristen tourne les talons.

Frank a à peine eu le temps de murmurer : « Au revoir ».

En début de soirée, Winand rentre dans son appartement de Cologne. Il branche la télé sans la regarder, puis se relaxe dans un bain très chaud et va se préparer un repas frugal. Mais, avant tout, Frank se sert l'une de ses bières préférées. Il la savoure en jetant un coup d'œil distrait sur un concert de Noël et se surprend à fredonner avec les chœurs « Stille nacht, heilige nacht » quand on sonne au bas de l'immeuble.

— Encore des gamins qui vont chanter faux et me soutirer quelques pièces, soupire-t-il.

Frank empoigne le combiné du parlophone :

— Allo, lance-t-il un rien agacé.

Silence.

— Qui est là ? interroge-t-il.

Puis il entend une voix féminine :

— Tout bien réfléchi, « un homme atypique », pour moi, c'était un compliment…

— C'est une blague ? rit nerveusement Frank.

— Non, il s'agit franchement d'un compliment. J'aime plutôt les gens atypiques.

— Mais… Mais… Vous êtes en bas de chez moi ? demande Frank un peu bêtement.

— Non, réplique la dame, je suis toujours au restaurant de ce midi, et, comme je m'ennuyais un peu, je me disais que nous pourrions peut-être diner ensemble. Enfin, si, toutefois, vous êtes réellement seul…

— Bien sûr que je suis seul ! se vexe presque Frank. Mais, vous, vous ne deviez pas être très entourée ?

— Non. Je n'avais aucun projet. Et je n'avais pas envie de vous l'avouer.

— Pourquoi ?

— Je trouvais ça idiot.

— Et pourquoi avez-vous changé d'avis ?

— Parce que j'ai beaucoup pensé à votre comportement un peu dingue et que j'ai estimé que cela valait le coup de vous renvoyer l'ascenseur. Mais je vous dérange, peut-être…

— Ce qui me dérange, c'est que nous nous parlions sans nous voir…

Frank a accueilli Kristen à la fois bluffé et ému. Elle a tenu à l'inviter au restaurant. Ils ont trouvé une table une heure plus tard et ont continué à se découvrir mutuellement, sans rien brusquer. Au fil des mois, ils sont devenus amis puis amants et, plus tard, se sont mariés. La fête eut lieu dans l'établissement où, un certain 24 décembre, Frank avait subitement ressenti le désir de déjeuner avec une charmante inconnue…

L'appel de la dernière minute

Burt Milton regarde sa montre et se dit qu'une fois de plus, il risque de subir les réprimandes de sa femme. Le matin même, Amy lui a dit :

— 19 heures au plus tard à la maison !

Tout en lui plaquant un baiser sur les lèvres, Burt a murmuré un vague « Ouais » et il est parti. Il a sauté dans sa puissante limousine de marque anglaise et a filé en direction de son bureau.

Ce 24 décembre 2002, il est 17 h 50 quand Burt Milton se rend compte qu'une fois encore il n'a pas vu le temps passer. Pourtant, à la mi-journée, quand à tour de rôle ses collaborateurs sont venus le saluer et lui souhaiter un joyeux Noël, il a pensé que, lui aussi, devait quitter les lieux plus tôt que d'habitude. Mais voilà : embarqué dans la conception d'une campagne publicitaire à laquelle il croit particulièrement, Burt veut boucler le projet. Rien ni personne ne l'y oblige, mais Burt est comme ça : il se fixe des objectifs qu'il exclut ensuite de remettre en question. À la tête de sa propre agence, Milton emploie neuf personnes vis-à-vis desquelles il se montre très exigeant, pourtant moins qu'envers lui-même.

À cinquante et un ans, Burt Milton déploie une puissance de travail au-dessus de la moyenne et affiche une santé insolente.

Entre la direction de son équipe et les rendez-vous avec les clients, réguliers et potentiels, Burt dispose de peu de loisirs. Heureusement qu'Amy lui rappelle régulièrement que, vingt ans plus tôt, il a épousé une femme qui lui a donné trois enfants, Benjamin, quinze ans, Alice, douze ans, et Sarah, neuf ans.

Tout ce petit monde habite dans la banlieue de Liverpool, tandis que le siège de la société de Milton est installé au cœur de la ville.

Afin de ne pas prendre le risque de devoir rouler trop vite, Burt Milton a prévu de partir au plus tard à 18 h 20. Va-t-il, pour une fois, respecter la promesse faite à sa femme ? Milton estime qu'à l'occasion de Noël, il peut faire un effort. Donc, il se concentre sur la dernière page à rédiger et, à 18 h15, ferme son ordinateur, se lève, jette dans son porte-document deux chemises bourrées de notes qu'il va mettre au clair dans le courant de la journée du 25 décembre. Car, comme chaque année, il trouvera bien un moment pour s'échapper des obligations familiales et consacrer une heure ou deux au boulot.

Milton doit encore éteindre la lumière, gagner l'entrée de ses bureaux, composer le code de l'alarme, sortir, prendre l'ascenseur et descendre trois étages jusqu'aux garages.

L'index de Burt va toucher la première touche du clavier du digicode quand, à trois mètres de lui, le téléphone sonne. Il s'agit de la centrale de la société. Burt a un instant d'hésitation puis sa conscience professionnelle reprend vite le dessus : on répond à tous les appels ! Même un 24 décembre à près de 18 h 30. Ce n'est pas que Burt pense qu'on va lui proposer l'affaire du siècle (qui ne fait d'ailleurs que commencer). En fait, il ne pense à rien, sinon à décrocher le téléphone.

— Allo ?

— Je suis bien au bureau de Burt Milton ?

Le boss si pressé laisse passer quatre ou cinq secondes sans parler. À l'autre bout de la ligne, on demande :

— Il y a quelqu'un ?

Burt n'a pas besoin de poser la rituelle question :

— Qui est à l'appareil ?

Il le sait : c'est William Vernon. Quasiment quinze ans qu'il ne l'a plus entendu et, pourtant, deux syllabes ont suffi. Il faut dire que, pendant de longues années, Burt a parlé tous les jours avec William. C'était du temps de leur jeunesse. À l'université déjà, ils se côtoyaient. Ils aimaient se retrouver devant un verre et refaire le monde. En particulier celui de la publicité qui les fascinait. Aucun des deux ne manquait d'idées. Certains soirs, c'était même à celui qui épaterait le plus l'autre. Par la suite, Burt et William avaient fait séparément leurs classes dans l'univers qui les attirait. Puis, assez vite, est né le projet d'une association et la création d'une agence.

Burt et William se réjouissaient de mettre en commun leurs forces novatrices, sans doute égales. Mais Milton apportait en plus ses qualités de gestionnaire. Sur ce terrain, William était battu, écrasé même. Il fut donc convenu que Burt s'occuperait de tenir la boutique et que, par voie de conséquence, William serait davantage sur le terrain. Même si Burt comptait évidemment développer des concepts, aspect de son métier qui l'excitait le plus.

Les débuts furent flamboyants. Le duo fonctionnait à merveille et les contrats se signaient à une vitesse déboussolant leurs concurrents. Rapidement, Burt et William ne purent plus se contenter d'une assistante à mi-temps. Il fallut engager une, puis plusieurs personnes.

Le succès rendait Burt fou de joie. Quant à William, il le rendit simplement fou. Il se mit à passer du temps dans les soirées à la mode, à boire trop et à claquer plus d'argent qu'il n'en gagnait. Les dépenses les plus extravagantes s'additionnaient au même rythme que diminuait sa production pour l'agence. Le climat entre les deux associés se détériorait sérieusement.

Un matin, en consultant l'un des comptes en banque de la société, Burt constata qu'il avait été purement et simplement vidé… par William ! Somme manquante : l'équivalent de 140.000 euros ! William demeura injoignable et introuvable durant quarante-huit heures. Lorsqu'il daigna se manifester, ce fut pour tenir un discours ahurissant :

— Je suis à Sidney, j'avais besoin de dépaysement. Je vais rester ici six mois. Je me pose tellement de questions en ce moment. Je dois faire le point.

Écumant de rage, Burt n'entra pas un instant dans son jeu.

— Ce dont tu as le plus besoin, c'est d'un sérieux coup de pied aux fesses. Cela fait une éternité que tu glandes, que tu coûtes un pont à la boîte à laquelle tu n'apportes plus rien sinon des emmerdes !

Le ton était monté de part et d'autre. Burt avait exigé le remboursement des 140.000 euros, ce que William avait refusé catégoriquement prétextant que cet argent, il l'avait gagné !

Toute conversation normale devenant impossible, Burt avait fini par raccrocher brutalement. Et, dans les cinq secondes, avait appelé son avocat afin d'engager une procédure contre son alter ego. Un long conflit s'en était suivi. Burt avait récupéré une partie des 140.000 euros et abandonné le reste contre la cession des parts de William ainsi que son retrait complet et définitif de l'agence.

Pour Mitlon, le coup avait été dur à encaisser. D'abord, en quelques jours, il avait eu à réagir face à cette situation préoccupante puis à se battre afin de sauver sa boîte. Ensuite, il avait dû oublier une longue amitié et considérer William Vernon comme son pire ennemi. Après diverses péripéties judiciaires, les deux hommes s'étaient revus sans l'intermédiaire d'avocats, en tête à tête. L'entrevue avait dû durer deux minutes, interminables pour Burt qui avait regretté d'être venu au rendez-vous, dans un parc ensoleillé, fin d'un mois de juin. Il s'était assis sur un banc, avait écouté de vagues excuses sentant la mauvaise foi, s'était levé et sans regarder William avait lâché sèchement :

— Adieu !

C'est avec la même mauvaise humeur que ce 24 décembre 2002, il questionne :

— Qu'est-ce que tu veux ?

La voix de William est fatiguée.

— Je ne vais pas te jouer la comédie, juré ! Mais j'ai beaucoup pensé à toi ces derniers temps. Et, d'ailleurs, je ne t'ai jamais oublié…

Burt se fait cynique.

— Tant pis pour moi !

— Tu m'en veux encore ?

Pas de réponse.

— Va droit au but, je suis pressé.

— Je vais mal et tu peux m'aider.

Burt ricane.

— Il faudrait que je veuille t'aider.

— Alors, c'est que tu ne m'as pas pardonné.

— Tu me prends pour qui ? Un pasteur ou un curé qui serait prêt à te donner l'absolution ? Même les curés et les pasteurs ont intérêt à se méfier de toi ; tu pourrais filer avec l'argent de la quête ou piller les troncs des églises.

Silence. Burt regrette-t-il sa plaisanterie ? Possible car il enchaîne en changeant de ton.

— Alors, pourquoi m'appelles-tu ?

— Je suis malade, Burt, très malade. Si j'ai encore une chance de m'en sortir, c'est en voyant un vrai grand spécialiste. Mais leurs listes d'attente sont longues et je n'ai pas le temps d'attendre. J'ai lu il y a quatre jours un article sur ton père à propos de son dernier ouvrage sur le cancer du poumon. C'est comme ça que j'ai su qu'il exerçait encore. Je sollicite une seule chose, Burt : un rendez-vous rapide chez lui. Peux-tu m'obtenir ça ?

La main de Burt s'est crispée sur le combiné. Son visage a blêmi.

— Tu… Tu sais ça depuis combien de temps ?

— Cinq jours. Avant de te déranger, j'ai cherché d'autres pistes. Mais voilà, je suis fauché et les portes ne s'ouvrent pas facilement…

Un temps puis :

— Je suis désolé de t'embêter avec ça un soir de Noël.

Sans vouloir le montrer, Burt est bouleversé.

— Arrête tes conneries, tu ne m'embêtes pas ! Faut pas que tu restes comme ça. Tu vas t'en sortir, vieux ! Ne quitte pas, j'appelle mon père.

William n'a pas le temps de placer le moindre mot. Comme

autrefois, Burt a pris la direction des opérations en excellent gestionnaire qu'il est, au boulot et ailleurs.

Milton père est au bout de son portable et proche de son agenda professionnel. Dès le 26, il recevra William. Et, chemin faisant, il fera bien plus encore : il le guérira.

Burt et William se reverront régulièrement, mais différemment, comme si une autre amitié avait vu le jour ce 24 décembre 2002, comme si le combat gagné et la nouvelle vie qui en avait découlé pour William avait ouvert la voie à des relations dont tout malentendu et toute rancœur avaient disparu. D'ailleurs, William ne proposera jamais à Burt de remettre les pieds à l'agence. Il trouvera du travail et son bonheur comme vendeur dans une librairie.

Mais avant tous ces délicieux moments, un si bel élan affectueux, celui du 24 décembre 2002, valut à Burt de subir une nouvelle réprimande due à son retard… Il présenta des excuses et tendit le bouquet qu'il avait attrapé in extremis chez un fleuriste. Amy lui sourit, comme souvent en cette circonstance. Et, en filant se changer pour le réveillon, Milton se mit à siffloter « Adeste fideles », son chant de Noël préféré. La fête commençait bien pour Burt : il avait donné de l'espoir à quelqu'un se croyant seul et perdu. Et son épouse avait à peine râlé…

Le virage manqué

24 décembre 1974. José Dumortier n'a qu'une hâte : que cette année maudite se termine. Six mois plus tôt, il était encore un homme heureux, le mari comblé de Christel qui lui avait donné deux beaux enfants, Marion (sept ans) et Gilbert (neuf ans). Et puis, il y a eu ce maudit mois d'août. Pour des raisons professionnelles (il est avocat), Dumortier a dû rester à Caen, où il habite et a installé son cabinet. Soucieux de faire progresser ses affaires, José a sacrifié presque la totalité de ses vacances estivales et ne s'est accordé que des week-ends prolongés. Il profitait de ceux-ci en rejoignant sa famille pour laquelle il avait loué une villa dans l'arrière-pays niçois.

Fatigué par des semaines bien remplies, cet homme de quarante ans en pleine santé avait bien besoin de ces courts séjours au soleil pour dormir et lézarder au bord de la piscine. Il aimait évidemment retrouver ses enfants et son épouse avec qui il partageait quelques activités sportives ou touristiques avant de reprendre l'avion.

Tout ce petit monde a regagné ensemble la maison normande et la vie habituelle a repris son cours avec, notamment, la routine de la rentrée scolaire. Ce n'est qu'au début du mois d'octobre qu'un soir, Christel a annoncé froidement à José :

— Je te quitte. J'ai rencontré quelqu'un l'été dernier et je ne peux plus me passer de lui.

Pourtant bavard et rarement en retard d'une bonne réplique, José est demeuré muet pendant trois ou quatre minutes, ce qui a surpris Christel. Un silence pesant a régné dans le salon où la femme infidèle avait interrompu son mari dans la lecture d'un dossier.

Et puis José qui, jamais, n'avait soupçonné l'ombre d'une tromperie, a voulu en savoir davantage. Christel a bredouillé avant que l'avocat ne reprenne le dessus sur l'homme trahi. Alors, voyant qu'elle ne ferait pas le poids face à la partie adverse, elle s'est énervée et, pour se défendre, a envoyé à la figure de José des arguments du genre : « Tu n'es jamais là ! », « Tu m'as abandonnée à des centaines de kilomètres d'ici ! », « Tu ne me regardes plus ! ». Et a même osé : « Je me demande d'ailleurs si, depuis des mois, tu n'as pas une maîtresse ! ».

À son tour, José a haussé le ton, et la discussion, de plus en plus orageuse, s'est achevée par la fuite de Christel. Qui a couru chez son amant. Car celui-ci réside à Ouistreham, à quelques kilomètres de Caen.

Au mois d'août, Pierre Chevais – ainsi se nomme-t-il – était en vacances près de Nice. Passionné d'équitation, il fréquentait un stage auquel Christel s'était inscrite pendant que ses enfants profitaient de l'infrastructure et du programme d'un club junior. Le fait que Pierre Chevais, trente-huit ans comme elle, soit issu de la même région l'avait amusée. Ils avaient lié connaissance puis, très vite, pris un plaisir grandissant à se fréquenter. Jusqu'à zapper une demi-journée d'équitation au profit de jeux plus intimes dans la chambre d'hôtel de Pierre.

Pour José, en cet automne maussade, la séparation avait été douloureuse. Il avait obtenu de voir ses enfants chaque week-end et une partie des vacances scolaires. Contraint par les événements, afin de s'occuper de sa progéniture, il avait enfin dû lever le pied dans son boulot, lui qui, jusqu'alors, avait travaillé sept jours sur sept.

Dumortier a fini par rencontrer son rival. Les présentations furent brèves et, lorsqu'il avait eu à le croiser à trois reprises, José s'était contenté d'un vague bonjour.

En cette fin d'année pourrie, José a accepté que Marion et Gilbert passent le 24 décembre chez leur mère. Il les récupèrera le lendemain, vers midi, afin de se rendre au déjeuner rituel organisé chez ses parents.

Des amis l'ont invité à réveillonner en leur compagnie et, après avoir enfilé son smoking – José aime faire preuve d'élégance –, il monte dans sa limousine en direction de la proche périphérie de la ville. Il n'a pas vraiment la tête à fêter quoi que ce soit, mais, en homme de caractère, Dumortier a décidé de se changer les idées. René, son vieux copain et confrère chez qui il se rend, lui a murmuré :

— Tu ne seras pas le seul célibataire. Tu te souviens de la belle Évelyne après qui j'avais couru en vain il y a quinze ans ? Eh bien, elle sera là ! Je l'ai revue il y a deux mois : elle a plaqué son dernier copain en date et elle est encore plus attirante !

Puis il a soupiré.

— Comme je suis marié, je te la laisse…

José a souri.

— Monsieur est décidément trop bon.

Et René a ajouté.

— Je lui ai dit que tu étais libre, et l'information ne l'a pas laissée indifférente…

José aurait bien répliqué qu'il était assez grand pour s'occuper de son avenir sentimental tout seul, mais il s'est quand même exclamé :

— Dans ce cas, je suis bien obligé de venir !

Depuis le séisme qui avait frappé la vie privée de José, René s'était montré aux petits soins pour lui. On pouvait donc l'excuser d'en faire parfois un peu trop.

Presque inconsciemment, au volant de sa voiture, Dumortier pense à la ravissante Évelyne, « fille à papa » qui, sûre de son charme et de la fortune paternelle, comptait déjà quelques conquêtes à son palmarès. Pierre n'ambitionnait pas nécessairement d'être la suivante mais n'écartait pas la perspective de s'amuser un peu. Après tout, depuis le départ de Christel, il avait été sage, très sage. « Trop sage », lui soufflait René.

Il est exactement 19 heures (José écoute la radio et il entend sonner le célèbre carillon d'Europe 1) quand, sur une grand-route mal éclairée, notre automobiliste voit, à gauche, dans le champ de ses phares, une voiture ayant visiblement percuté un arbre. D'ailleurs, de la fumée se dégage du tas de ferraille. José se gare sur l'accotement dès qu'il le peut et court vers le lieu de l'accident, car il ne peut s'agir que de ça.

Dumortier s'est muni d'une lampe de poche qu'il garde toujours dans la boîte à gants et, au milieu de l'obscurité, il distingue un homme la tête sur le volant. La situation est grave et il faut réagir rapidement. José reprend son véhicule, fait demi-tour et se dirige vers le téléphone le plus proche (dans une station-service à environ deux kilomètres). Il appelle les secours. José retourne ensuite d'où il vient. L'ambulance et les pompiers arrivent peu après.

— Cet homme n'est pas en bon état, dit-on à José. S'il survit, ce sera en tout cas grâce à vous.

La police débarque à son tour. Dumortier décline son identité, répond à quelques questions et ne s'attarde pas. Dix minutes plus tard, il sonne chez René. Il raconte évidemment sa mésaventure puis, le champagne aidant, il l'oublie. Et d'autant plus facilement que, placée à côté de lui à table, Évelyne, superbe dans sa longue robe bleu marine légèrement pailletée et largement décolletée, lui fait un certain effet.

Le lendemain matin très tôt, la sonnerie du téléphone le tire du lit. José, qui ne dormait que depuis un peu plus de quatre heures, peste contre ce réveil intempestif. Et encore davantage lorsqu'immédiatement, il reconnaît la voix de Christel.

— J'ai dû placer les enfants chez ma mère. C'est là que tu devras aller les chercher.

José n'a pas le temps de demander pourquoi.

— Pierre est à l'hôpital en soins intensifs. Hier soir, il rentrait à la maison quand il a loupé un virage et a pris un arbre de plein fouet. Il était aux alentours de 19 heures. Pierre n'avait pas bu une goutte d'alcool, mais il roulait sans doute trop vite. Un type, qui passait par là, s'est arrêté, a trouvé un téléphone et appelé les secours. Sans lui, Pierre serait mort, c'est certain. Je ne sais pas qui c'est mais je vais demander son nom à la police et le contacter. Nous lui devons tellement…

Lentement – à cause de son manque de sommeil –, José remet les pièces du puzzle dans le bon ordre.

— L'accident a eu lieu peu avant 19 heures sur la route en direction de Ouistreham ?

— Oui.

— Je n'y crois pas… , murmure-t-il.

Ce que Christel prend au premier degré. Elle s'agace.

— Tu penses peut-être que j'ai le cœur à te raconter des salades ?

— Bien sûr que non ! J'ai même su avant toi ce qui était arrivé.

Christel bafouille.

— Et… Et… Tu… Tu n'as pas eu l'idée de me prévenir ?

— Non, parce que lorsque je me suis garé, que je me suis approché de la voiture enfumée, que j'ai vu un homme qui ne bougeait plus et que j'ai roulé au plus vite vers la station-service où je pourrais téléphoner, j'ignorais de qui il s'agissait.

— Tu veux dire que l'inconnu qui…

— Qui a sauvé la vie de ton mec – sauf à me prouver le contraire, ce qui me semble impossible –, c'est moi, oui.

José ne va pas se recoucher. Il file sous la douche, avale trois cafés bien serrés, tourne en rond chez lui et, estimant l'heure enfin décente, téléphone à Évelyne.

— Si je t'apporte le petit-déjeuner en te promettant une histoire vraiment incroyable, tu me laisses entrer ou je n'ai pas besoin de me déplacer ?

De sa voix un peu rauque, la belle susurre :

— Même sans croissant et sans histoire, tu es le bienvenu !

Une petite heure plus tard, Évelyne, qui a reçu José dans un déshabillé vaporeux, lui demande en lui caressant la joue :

— Et si tu avais su qu'il s'agissait de l'amant de ton ex-femme, aurais-tu eu les mêmes gestes ?

— Oui.

Puis José précise.

— Mais pas avec le même sentiment, assez agréable, du devoir accompli. Celui que j'aurais ressenti aurait été sans doute plus mitigé.

En l'attirant doucement dans ses bras, Évelyne sourit.

— Et sincère, avec ça ! N'aurais-tu que des qualités ?

Ayant posé ses lèvres sur les siennes, elle ne lui laissa pas le temps de répliquer. Pour une fois, Me Dumortier n'eut pas le dernier mot…

Un chien de rêve

Ce matin-là, en se réveillant, Julien, sept ans, a le sourire.

— J'ai fait un rêve formidable, explique-t-il à sa maman. Le Père Noël m'apportait un chien !

— En peluche ? interroge la jeune femme.

— Non, en vrai ! répond Julien. Il était beau, presque tout blanc.

Deux gorgées de cacao plus tard, le gamin poursuit :

— Moi, je crois que le Père Noël va m'offrir ce chien-là.

— Mais, Julien, tu as déjà envoyé ta lettre au Père Noël.

— Je sais. Ça ne compte plus !

— Imagine un peu que tous les enfants se mettent à changer d'avis sur leurs cadeaux le 23 décembre ! Le Père Noël deviendrait fou !

Julien ne se laisse pas troubler.

— Je sais que, si on le veut très fort, les plus beaux rêves se réalisent.

— Qui t'a dit ça ?

— Papa !

Le lendemain, en fin d'après-midi, il fait déjà noir et il neige sur le village des Vosges où habitent Julien et ses parents.

La famille s'active aux derniers préparatifs du réveillon car les invités arriveront d'ici deux ou trois heures.

Julien achève les bricolages prévus pour la décoration quand il entend un bruit bizarre, puis des petits cris plaintifs. Son père et sa mère étant occupés dans la cuisine, intrigué, il ouvre la porte d'entrée. À deux mètres, dans l'allée du jardin, au milieu des flocons qui tombent serrés, assis, un chien de taille moyenne un peu maigre fixe le gamin.

Chez Julien, il n'y a pas une seconde d'hésitation. Oubliant qu'il est chaussé de pantoufles, il court vers l'animal qui ne bouge pas. Il le serre contre lui puis lance avec une douce autorité :

— Viens te réchauffer !

Le chien a suivi docilement Julien, a laissé des traces bien mouillées sur le tapis de la salle à manger avant de se coucher devant le feu de bois. Il a à peine sursauté quand Julien a hurlé :

— Venez voir ! Le Père Noël m'a déjà amené mon chien !

Les heures et les jours ont passé. Personne n'a jamais réclamé ce chien – de couleur beige et non pas « presque tout blanc » – peut-être venu de nulle part. Il a été baptisé Boule (pour rappeler Noël !) et est devenu pour Julien un compagnon... de rêve.

Un oncle et une apparition

16 décembre 1953. Cécile Rivaux, onze ans, se réveille en pensant à un rêve encore bien précis qu'elle vient sans doute de faire et en semble ravie.

Quelques minutes plus tard, dans la cuisine où l'attend le petit-déjeuner, elle retrouve le reste de la famille, Marie, la maman, Jean-Marc, le papa, épicier dans le quartier de Nice où il habite, Hélène, dix-sept ans qui aime commander tout et tout le monde dès que les parents ont le dos tourné, et Christian, le frère « du milieu », douze ans, s'entendant mieux avec la cadette qu'avec l'aînée. D'ailleurs, dès qu'ils le peuvent, Cécile et Christian s'échappent dans le jardin, l'été, ou dans le grenier pour inventer des jeux ou ouvrir les livres qui s'y empilent depuis de longues années.

Ce matin-là, Cécile prend la parole :

— Il faut que je vous raconte mon rêve. L'oncle Germain se trouvait devant un beau sapin décoré, me tendait les bras et me souhaitait « Joyeux Noël » !

Marie sourit.

— C'est certainement que tu as hâte de le retrouver. Mais, comme tu le sais, cette année, il ne sera avec nous que le 31 décembre. Il est retenu en Angleterre.

Germain, le frère de Marie, parrain de Cécile, travaille à l'ambassade de France à Londres et, pour des raisons professionnelles, ne pourra revenir dans sa famille à Noël.

Cécile adore son oncle qu'elle a parfois tendance à considérer comme son deuxième papa dont elle ne voit que les bons côtés car, Germain vivant à l'étranger, il couvre sa filleule de cadeaux et ne la réprimande jamais. Ce qui, évidemment, n'est pas le cas de Jean-Marc…

À l'approche des fêtes, Cécile décompte les jours. Ce qui explique sans doute son rêve.

Le surlendemain, pourtant, dans son sommeil, Cécile revoit son parrain. Elle se trouve sur ses genoux et, au mur, elle voit clairement le calendrier à la page du 24 décembre.

Elle ne se gêne donc pas pour en remettre une couche autour de la table. Hélène lui cloue le bec :

— Tu commences à radoter. Tu ne changerais pas d'histoire ?

Christian vole à son secours.

— Pauvre petit Bouton d'or (surnom qu'il lui a donné à cause de ses cheveux blonds) ! Si on ne peut même plus rêver de ce qu'on veut ici !

— Oh, vous deux, ça va, coupe Hélène. Vous feriez mieux de préparer vos affaires, sinon je vais encore devoir vous attendre pour partir à l'école.

Cécile, elle, persiste :

— Si cela fait deux fois que l'oncle Germain me parle la nuit, cela signifie forcément quelque chose…

— Que tu es dingue parce que tu entends des voix ! tranche Hélène sans pitié.

— On se calme ! ordonne Jean-Marc. Moi, je file.

Prise par le rangement de la table, Marie ne dit rien.

Les vacances scolaires et, dans la foulée, Noël, arrivent.

Le 24 décembre, dès le matin, les Rivaux préparent le réveillon. Jean-Marc rentre à la maison vers 18 h 30. Et une trentaine de minutes plus tard, on sonne à la porte.

— C'est peut-être le Père Noël, lance Marie.

Pour Cécile, c'est encore mieux ! Elle ouvre et découvre son oncle adoré.

— Ça alors !

Elle lui saute au cou, puis ajoute :

— Je savais que tu viendrais aujourd'hui…

Germain tombe des nues.

— Et moi qui pensais te faire une surprise…

Et elle raconte ses rêves prémonitoires. Germain se montre un rien troublé. Et Hélène fait moins la maligne !

— J'ai pu m'échapper une semaine plus tôt, explique l'oncle chaleureusement accueilli et qui, ainsi, passa de l'ambassade aux embrassades…

Hep, taxi !

Malgré son jeune âge (cinq ans), Tom est du genre très débrouillard. Et pas du genre « poule mouillée » comme il le dit parfois lui-même de ses copains pas courageux !

Ce 24 décembre 1976, Tom accompagne sa maman pour les derniers achats de Noël. D'accord, Tom en profite toujours pour se faire offrir une pâtisserie, mais au bout d'un moment, il a beau être une sorte de héros, Tom a mal aux pieds !

Ce jour-là, dans un grand magasin très connu de la ville de Londres, Tom trottine péniblement derrière sa maman et sa tante Jackie. Les deux femmes, qui sont sœurs, parlent sans arrêt. Si bien que Tom ne peut pas en placer une. Et pourtant, il crierait volontiers très fort :

— Stop !

En plus, il doit s'arrêter car son lacet droit vient de se dénouer. Tom se baisse, essaye de refaire le nœud, n'y parvient pas, se relève et... n'aperçoit plus ni sa mère, ni tante Jackie. Il y a tellement de monde dans ce magasin qu'il faudrait un miracle pour les retrouver.

Alors, en attendant que le miracle se produise peut-être, Tom s'assied sur un coussin.

Puis, comme un héros de cinq ans est vite en pleine forme, Tom se remet en route. Il suit les flèches le conduisant vers l'une des sorties. Il regarde à gauche, à droite et voit surgir par une petite porte... le Père Noël plutôt étonné.

— Que fais-tu seul ici ? demande-t-il.

— Je cherche un taxi ! répond le gamin sûr de lui.

— Un quoi ? s'exclame l'homme au costume rouge et à la barbe blanche.

— Un taxi, répète Tom. Vous ne savez pas ce que c'est, évidemment ! Avec votre traîneau, vous n'en avez pas besoin !

— Euh... Si, si..., insiste le Père Noël qui semble ennuyé.

Tom, lui, ne paraît pas impressionné.

— Vous n'avez pas oublié mes cadeaux pour cette nuit, au moins ?

— Bien sûr que non !

— Super ! Ah, voilà un taxi !

— Mais, je ne peux pas te laisser monter seul.

— Ma maman m'a perdu et je veux rentrer chez moi. Et, d'ailleurs, je connais mon adresse par cœur.

— Je t'accompagne.

C'est ainsi que le chauffeur a entendu un enfant de cinq ans lui indiquer une destination et le Père Noël ajouter : « Faites ce qu'il vous dit ! »

Un quart d'heure plus tard, un autre père, celui de Tom, fou d'inquiétude depuis le coup de téléphone de sa femme lui signalant la disparition de leur fils, a serré bien fort la main du Père Noël. Le gamin, lui, a soupiré :

— Maman et tante Jackie, quand elles sont ensemble, quelles pipelettes !

Un cerf dans la neige

Christine et François, six et huit ans, ont envie de jouer dehors. Alors ils crient à leur maman occupée par la cuisine :

— On va dans le jardin !

En fait, ce qu'ils désirent en ce 24 décembre, c'est aller se promener dans le bois derrière chez eux – quelque part en Normandie – parce qu'il a beaucoup neigé depuis la veille. Alors, discrètement, ils s'éloignent du jardin. Il est alors 15 h 20.

Christine et François galopent en poussant des cris de joie. Ils envoient des boules de neige dans les arbres et regardent, émerveillés, les flocons qu'ils font ainsi tomber.

— Chiche que tu n'arrives pas avant moi à la cabane abandonnée ! lance son frère.

Ils galopent puis ralentissent l'allure.

— La cabane a disparu ! constate François.

— Peut-être qu'on ne la voit pas à cause de la neige, réplique Christine.

— Y a un truc qui cloche !

— Dis, François, je commence à avoir peur...

— Faut pas ! Je suis là, rassure le grand frère en prenant sa sœur par la main.

— Nous sommes un peu perdus, non ?

— Avec quoi tu viens ? On va faire demi-tour, voilà tout !

— Je veux rentrer à la maison ! gémit Christine. J'ai froid !

Le jour baisse et, à la croisée de trois chemins, François ne sait par où aller quand, subitement, il voit, sortant d'un fourré, un cerf ! L'animal se trouve à quelques mètres de lui et le regarde. Puis il se met à marcher lentement dans le sens opposé à l'endroit où les enfants le fixent.

— Il nous montre la route ! murmure Christine.

François hausse les épaules, mais suit quand même sa sœur qui avance tout en gardant la même distance avec le cerf. Celui-ci tourne à droite puis... disparaît du champ de vision des enfants.

— La cabane abandonnée ! crie Christine.

— Alors, nous sommes sauvés ! Y a plus qu'à aller tout droit et nous serons chez nous !

Les enfants courent vite, de plus en plus vite, et arrivent enfin à bon port.... où ils se font gronder !

— C'est le cerf qui nous a conduits ! explique François.

Son père lève les yeux au ciel :

— Y a plus de cerfs dans cette forêt depuis au moins quinze ans !

— François a raison, insiste Christine.

— Vous ne savez décidément plus quoi inventer, conclut la maman. Filez sous la douche !

Dans les jours qui suivirent, Christine et François pensèrent beaucoup au cerf. Souvent, mais avec leurs parents, ils retournèrent dans la forêt mais jamais ils ne retrouvèrent la moindre trace de leur sauveur…

La voiture de Maman

En ce 24 décembre, Sarah et William devraient être joyeux. Ils savent qu'ils ont été sages et que le Père Noël leur apportera de jolis cadeaux. Pourtant, en fin de matinée, ils s'apprêtent à commettre une grosse bêtise qui pourrait fâcher le Père Noël. Et peut-être même bien pour plusieurs années!

Sarah, cinq ans, et William, dix ans, habitent dans un petit village du Gloucestershire, en Angleterre. Voici quatre mois, leur grand-mère adorée a eu des mots avec leur maman que leur papa a tout de suite défendue. La grand-mère a exigé des excuses qu'elle n'a pas reçues. Depuis, elle boude chez elle et a rompu les ponts avec le reste de la famille.

Cette situation attriste beaucoup Sarah et William. Lorsqu'ils ont demandé à leurs parents si Mamy serait parmi eux à Noël, ils ont entendu la réponse qu'ils redoutaient: « Non. »

Alors, au fil des jours, dans la tête de William, un déjà grand garçon qui, d'ailleurs, en taille, n'est pas loin de rejoindre sa mère, un projet insensé est né.

Comme beaucoup de gamins, William est fasciné par les voitures. Il collectionne des modèles réduits mais rêve d'en conduire « une vraie ». Il s'est déjà installé au volant de celle de sa maman, un modèle anglais assez petit, et s'est rendu compte que ses pieds atteignaient facilement les pédales. Et puis, il a tellement observé ses parents qu'il jurerait que, lui aussi, peut conduire !

Et ce 24 décembre en début d'après-midi, en compagnie de Sarah, c'est bien avec l'auto de sa mère que William s'éloigne de la maison. Celle-ci étant isolée dans la campagne, personne ne remarque qu'un gosse de dix ans joue avec sa vie, celle de sa sœur, sans compter celle des gens qu'il pourrait croiser sur la route.

Aussi incroyable que cela puisse paraître, William parcourt trois kilomètres – quasiment en ligne droite, mais tout de même ! – sans le moindre problème. C'est lorsqu'il s'arrête devant le domicile de sa grand-mère que, se rendant compte de sa terrible faute, il éclate en sanglots imité dans les trois secondes par Sarah !

L'histoire s'est heureusement bien terminée. Les parents ont certes crié, hurlé même. Mais le Père Noël, lui, a compris ce qui s'était passé dans le cœur de William et ne l'a pas privé de ses cadeaux. Car, cette nuit-là, lorsqu'il est passé par la maison, à côté de leurs parents, il a aperçu les enfants embrassant tendrement leur grand-mère…

Une bouteille à la mer

25 décembre 2013, quelque part à Salford (Manchester). Zoe Averianov s'apprête à fêter Noël en famille et attend ses parents. Âgée de trente-trois ans, mariée, mère d'un petit garçon de cinq ans, Maksim, Zoé est employée dans une bijouterie.

Lorsqu'elle ouvre la porte de la maison à ses invités, elle remarque que son papa semble particulièrement excité. Elle ne se trompe pas. D'ailleurs, sans plus attendre, le paternel annonce :

— J'ai un cadeau formidable pour toi !

Et, avec émotion, il tend à sa fille une lettre. Il ne faut pas longtemps à Zoé pour reconnaître la missive qu'elle a écrite… vingt-trois ans plus tôt !

C'était le 12 septembre 1990. Poussée par son père, la gamine de dix ans se racontait : des parents enseignants, une sœur (Rebecca) de quatre ans son aînée, une résidence à Hebden Brudge, dans le West Yorkshire, un hamster (Sparkle), un poisson (Speckle), sa passion de la danse, sa pratique du piano et de la flûte. Et un détail insolite : sa date d'anniversaire, le 29 février.

À l'époque, Zoe et les siens étaient en route pour l'Allemagne. Dans le « Manchester Evening », elle précise : « Nous avions quitté Hull pour nous rendre à Zeebruges. »

C'est sur une plage zélandaise, à environ quatre cents kilomètres de Hull, qu'un certain Piet Lateur a mis la main sur la bouteille jetée dans l'océan vingt-trois ans plus tôt ! L'homme, habitant à Serooskerke, se baladait sur une digue de l'Escaut oriental quand son attention a été attirée par une bouteille qu'il a conservée. Dans sa lettre, Zoe qui s'appelait alors Lemon, demandait qu'on lui réponde. Ce que Piet Lateur a fait. Son pli est forcément arrivé à l'adresse des parents de Zoe avec une photocopie du document. L'original, Piet expliquait qu'il l'a encadré et placé sur son piano.

Zoe et lui ont très vite correspondu par mail.

Le père, lui, émerveillé par cette histoire hors du commun, a décidé de se rendre sur place et de faire des photos de l'endroit de la découverte. Quant à Zoé, d'ici quelques années, elle conseillera à son fils (cinq ans fin 2013) de suivre son exemple : écrire une lettre, peut-être l'accrocher à un ballon, et laisser le destin la guider.

Fan à barbe

Actrice dès son plus jeune âge (elle est née en 1928), Shirley Temple fut la première enfant à devenir une star de cinéma. Ainsi, à l'occasion de son cinquième anniversaire, reçut-elle un cadeau pour le moins original : la sortie de son premier long-métrage !

Moyennant quoi, Shirley eut une enfance finalement peu enviable. Elle avait cinq ans lorsqu'elle sut que le Père Noël n'existait pas. La révélation fut brutale. Comme des millions de petites filles et de petits garçons, Shirley alla remettre sa liste de jouets au Père Noël se trouvant dans un grand magasin. Lorsqu'il se trouva face à Shirley Temple, l'homme au manteau rouge et à la barbe blanche pâlit. Il sortit un carnet et un crayon de sa poche. Et demanda un autographe agissant ainsi comme le commun des mortels…

« Ouvre, si t'es un homme ! »

Ce soir-là, et très exceptionnellement, Olivier Martin s'endort de bonne heure. D'habitude, il ferme rarement les yeux avant une heure du matin. Mais ce 24 décembre 1967, il a décidé de se mettre au lit à 21 h 30.

Olivier Martin, trente-sept ans, architecte de profession, vit seul depuis dix mois qu'il s'est séparé de Virginie, une belle collègue dont il était très vite tombé amoureux. C'était en 1965. Virginie Doutrepont était arrivée dans le bureau employant Olivier en tant qu'assistante de direction. Ses grands yeux verts rieurs, sa silhouette de mannequin, ses longs cheveux auburn, une élégance naturelle ; Olivier avait craqué.

Seulement voilà : dans un premier temps, Virginie, elle, avait à peine remarqué ce garçon bosseur, sympa et éternellement célibataire. Olivier avait dû ramer, beaucoup ramer pour obtenir un premier rendez-vous, un deuxième… et plus puisqu'il y avait eu affinités.

Ce n'est pas qu'Olivier aime le célibat, mais sans trop pouvoir l'expliquer, il constate que ses histoires d'amour ne durent jamais longtemps.

Quand il y pense, il soupire :

— Je n'ai pas de chance…

Ses copains se montrent plus précis et plus durs.

— Il faut toujours que tu galopes après des filles qui ne sont pas pour toi !

Ce à quoi Olivier répond par un haussement d'épaules accompagné du même commentaire :

— Comment savoir si elles sont faites ou pas pour moi si je ne cours pas après elles et que je ne les rattrape pas ?

Il reste que, côté lucidité, Olivier Martin peut mieux faire. Quant à son raisonnement, il est un rien simpliste. Olivier possède le chic pour s'amouracher de femmes superficielles, collectionnant les sorties dans des endroits de préférence bruyants et les vacances exclusivement oisives. En gros, tout, ou presque, ce qu'Olivier déteste, lui qui apprécie la lecture, la musique classique, le théâtre, les musées et qui n'envisage jamais le moindre voyage sans lui trouver un but culturel.

Virginie incarnait parfaitement le type de femmes ne pouvant s'entendre avec Olivier sur une longue durée. Âgée de quinze ans de moins que son compagnon, elle entraînait celui-ci dans des boîtes et discothèques d'où il sortait dépité et à moitié sourd…

Virginie aimait pourtant bien Olivier, sa joie de vivre, les compliments dont il l'abreuvait, sa conversation grâce à laquelle elle apprenait mille choses. Finalement, la belle Virginie l'avait quitté au profit d'un motard qui l'emmenait dans des courses effrénées et où elle ne risquait d'entendre parler ni de Mendelssohn, ni de Beaumarchais.

Ce n'est pas la première fois qu'Olivier Martin passe le réveillon de Noël seul. Il sait que, le lendemain, il se retrouvera à Orléans pour le déjeuner traditionnel, entre ses parents, son frère et sa sœur qui, eux, ont fondé une famille. Bref, pas de quoi se réjouir follement d'apparaître comme le canard boiteux que l'on n'arrive pas à caser. D'autant que sa mère ne manquera certainement pas l'occasion de lancer une petite phrase du genre :

— L'an prochain, j'espère, Olivier, que tu viendras nous voir avec une fiancée. Si on ne croit pas aux miracles à Noël, on n'y croit jamais !

Bref, ce 24 décembre 1967, lorsqu'il est rentré chez lui, vers 18 heures, Olivier Martin, qui occupe un coquet appartement à Paris, s'est préparé des pâtes qu'il a copieusement arrosées d'un vin rouge léger. Enfin, léger si on ne descend pas la bouteille en un peu plus de deux heures ! Ce qu'Olivier a fait en jetant un coup d'œil distrait aux programmes de la télévision.

La dernière goutte avalée, Olivier Martin n'a pas tardé à rejoindre la salle de bains puis la chambre à coucher. Et, contrairement aux autres jours de l'année, où il consacre la dernière demi-heure de sa journée à la lecture, il s'est glissé entre les draps, a éteint la lampe de chevet et, en une poignée de secondes, s'est blotti dans les bras de Morphée…

Il y est resté environ cinq heures. Par la suite, Olivier Martin s'est vaguement souvenu qu'il rêvait d'un champ de maïs qu'il traversait avec la plus grande difficulté. Et pour cause : chacun des épis devait mesurer quatre ou cinq mètres et Olivier se frayait un passage au prix d'efforts surhumains. Est-ce à cause de ces exercices très physiques, de la bouteille de vin ingurgitée ou du chauffage fonctionnant à plein rendement qu'Olivier se réveilla en sueur ? Plus certainement, Martin fut brutalement sorti de ses songes parce qu'on frappait brutalement à sa porte en criant :

— Ouvre, si t'es un homme !

Le cœur battant un peu trop vite, Olivier se lève ayant l'impression de marcher dans le brouillard et, assez bêtement, répond :

— Oui, je suis un homme !

Puis, machinalement, il ouvre la porte, n'a pas le temps de voir qui se trouve en face de lui et se retrouve violemment projeté au sol. Olivier Martin vient de prendre un coup de poing au visage et, vaguement, entend :

— T'es où ?

Puis :

— Je sais que t'es là !

Tant bien que mal, Olivier se relève et murmure :

— Forcément que je suis là !

Il porte la main là où il a mal : à la mâchoire inférieure. Il a l'impression qu'il va perdre ses dents. En titubant, il s'avance vers la chambre à coucher où il voit un fou furieux vider ses armoires en en jetant le contenu sur le lit ou sur le sol. Le dingue ricane.

— Si elle n'est pas ici, ses affaires s'y trouvent peut-être !

Olivier ne comprend rien et, au fil des minutes qui passent finalement très vite, l'autre s'énerve de plus en plus. Il se retourne vers Olivier et le menace :

— Si tu ne me dis pas où elle est, je cogne encore !

Toujours groggy, Martin regarde l'intrus d'un air hébété et plutôt sympa.

— Si vous m'expliquiez ce que vous cherchez, peut-être que je pourrais vous aider…

Cette sincérité flagrante fait légèrement blêmir le gars furieux.

— Tu n'oserais pas te foutre de ma gueule, hein ?

Martin, qui fatigue, se pose sur une chaise. Il lui semble que ses dents ne bougent plus mais il a toujours rudement mal.

— Je ne me fous de la gueule de personne, monsieur. Moi, je dormais tranquillement et je ne demande qu'à continuer.

L'autre rit, mais jaune.

— Et tu dormais seul évidemment ?

— Personne ne voulant de moi pour Noël, oui, je dormais seul.

L'idiot commence à sentir qu'il a gaffé et, du coup, se met à vouvoyer Olivier !

— Vous êtes sûr que vous n'étiez pas au lit avec Chantal Lagarde ?

— Avec Chantal Lagarde ? s'amuse Olivier.

— Vous la connaissez ?

— Comme ça, oui…

L'excité hausse à nouveau le ton.

— Donc, vous avouez…

Martin le coupe.

— … que c'est la voisine du dessus, oui !

L'intrus ne fait ni une, ni deux, ne songe évidemment pas à s'excuser et part en courant.

Olivier Martin, lui, ne bouge pas. Il finit par se lever péniblement pour se laisser tomber sur le lit. Il s'endort, se réveille grâce à la douleur qui fait de même, se réveille, somnole tout en se rendant compte qu'il n'a pas encore bien cuvé le vin qu'il a absorbé quelques heures plus tôt.

Il est en réalité minuit quarante quand Olivier Martin perçoit un doux murmure.

— Vous m'entendez ?

Olivier ouvre les yeux et découvre, penchée sur lui, une jeune femme qui sourit.

— Vous me reconnaissez ?

— La voisine du dessus…

— J'ai compris ce qui vous est arrivé et j'en suis profondément désolée. Je voulais prendre de vos nouvelles, votre porte était ouverte, je suis entrée…

— Vous avez bien fait, réplique Olivier qui opte pour la position assise et propose à sa visiteuse de l'imiter. Veuillez-m'excuser de vous recevoir en pyjama mais, comme vous le savez sans doute, je n'ai pas eu le temps d'enfiler mon smoking avant la venue de… J'ignore son nom, d'ailleurs.

— Gérard. Gérard Cornet, précise Chantal Lagarde.

Un court instant de silence, puis elle raconte.

— J'ai quitté Gérard il y a cinq semaines, mais il ne veut pas l'accepter. Nous n'étions ensemble que depuis six mois mais, assez vite, j'ai réalisé que nous ne pourrions nous entendre. Il l'a mal pris. Un peu avant Noël, il m'a relancée et m'a proposé de passer le réveillon en sa compagnie. J'ai refusé. Il s'est mis en tête que j'avais quelqu'un dans ma vie et que c'était là la cause de mon refus. En début de soirée, alors que j'étais seule chez moi, il m'a téléphoné et a hurlé avant de raccrocher brutalement : « Je vais venir lui casser la gueule ! »

Martin soupire.

— Et c'est la mienne qui a tout pris !

— Je suis vraiment navrée…

— Vous n'y êtes pour rien. Il ne connaissait sans doute pas votre appartement.

— Si ! Mais dans son excitation, il s'est trompé d'étage et lorsqu'il vous a vu en pyjama, il n'a pas songé une seconde qu'il pouvait y avoir méprise…

— Il ne vous a pas frappée, au moins ?

— Non, il est passé d'une pièce à l'autre, puis a bien dû convenir qu'il n'y avait pas d'homme chez moi. Alors, il s'est mis à pleurer et est parti…

— Un cinglé ! Fallait bien qu'il rencontre ma route !

— Je suis terriblement embêtée. Dites-moi ce que je peux faire pour vous aider.

— M'attendre cinq minutes dans le living car j'ai horreur de ma tenue ! Et après, je vous offrirai un verre.

— J'accepte ! lance Chantal avec enthousiasme.

Face au miroir de la salle de bains, Olivier constate les dégâts : un gros coup bien visible à la mâchoire inférieure. Mais, apparemment, les dents n'ont rien. Une visite chez le dentiste s'imposera quand même. Olivier se passe le visage sous l'eau, se parfume, enfile un jean et une chemise, attrape des chaussures et rejoint Chantal Lagarde. La trentaine élégante, cheveux auburn, taille moyenne, elle arbore à nouveau ce sourire irrésistible qu'Olivier a découvert tout à l'heure et qui, il doit bien se l'avouer, l'a fait chavirer, ne sachant pas d'emblée si cette sensation était due à son état patraque ou à la vision de la ravissante créature.

Et pourtant, Olivier l'a croisée plus d'une fois, dans l'escalier, l'ascenseur ou l'entrée de l'immeuble. Pourquoi ne s'est-il jamais rendu compte à quel point elle est belle ?

Quand Gérard a prononcé le nom de sa voisine, Olivier a forcément pensé à elle, mais comme quelqu'un de banal. L'avait-il seulement réellement regardée ? Visiblement, non, ou en tout cas pas bien !

Tout en lui servant un verre de porto, Olivier demande.

— Depuis quand habitez-vous ici ?

— Deux ans et demi.

— Et vous ?

— Sept ans.

Hallucinant, se reproche-t-il ! Plus de deux ans qu'une aussi jolie femme crèche au-dessus de chez moi et je ne m'en suis jamais aperçu !

— Vous avez faim ?

Et comme Chantal n'a pas mangé, Olivier se met aux fourneaux et improvise une salade avec des restes de poulet et plusieurs légumes. Et, in extremis, se souvient que, la veille, il a oublié un gâteau au chocolat au fond de son réfrigérateur.

Le temps s'écoule, à moins qu'il ne se fût arrêté. Lorsque Chantal et Olivier songent à consulter leur montre, ils réalisent qu'il est près de 5 heures !

Olivier a totalement oublié la gueule de bois de la veille et même le mauvais coup de Gérard Cornet. Mieux : il serait prêt – enfin, pas tout à fait quand même – à le remercier pour avoir été à l'origine de cette très charmante nuit.

Chantal ne montre pas une envie folle de partir.

— Et si, demain, on remettait ça chez moi ?

Olivier n'hésite pas une seconde. Il appellera sa mère et lui jurera qu'il a très mal aux dents, ce qui, d'ailleurs, aurait pu arriver !

— Parfait pour moi ! Quelle heure ?

— Quand vous voulez, je ne bouge pas…

— Et si on se tutoyait ?

— Si tu veux…

Ils finirent par se séparer, pour quelques heures. Dès 15 heures, Olivier proposait son aide à Chantal pour préparer le repas. La magie de Noël continuait à opérer. Car, de ce jour-là, le voisin et la voisine ne se quittèrent plus.

Dans la peau d'un autre

Dans l'Eurostar qui le ramène à Paris, Alexis Géraut achève la lecture d'un scénario commencée le matin même à Londres. Une histoire d'amour unissant et opposant à la fois deux êtres complexes qui, au milieu de mésaventures fastidieuses, vont perdre beaucoup de temps et se faire énormément de mal.

Alexis, associé d'un producteur britannique, a pris des notes et commence à rédiger la fiche pour le prochain comité de direction. Pour lui, il y a dans ce récit beaucoup de déjà lu et déjà vu. Mais ce qu'il déteste par-dessus tout, c'est la fin : le type et la fille sont très épris, mais refusent de s'engager.

— Dans le genre tarte, griffonne Alexis, l'auteur n'a lésiné ni sur la pâte molle, ni sur la chantilly !

Et puis, franchement, on n'a pas idée de lui faire un coup pareil, à lui, Alexis Géraut qui, un mois plus tôt, a divorcé et ne s'en remet pas ! Après tout, ce Guillaume Simon – le pâtissier ayant mal mélangé les ingrédients – n'avait qu'à imaginer une autre issue ou – mieux ! – un autre film. Exemple : un homme et une femme mariés, parents d'un petit garçon de sept ans, se séparent. La dame a éprouvé le coup de foudre pour un type rencontré dans un séminaire – pas l'endroit où l'on forme les prêtres, non, ces manifestations organisées par les entreprises uniquement pour justifier les salaires de cadres inutiles et, accessoirement, afin de bousiller les couples ! Voilà un vrai sujet ! Avec un tel point de départ, Alexis se serait d'emblée identifié au héros malheureux. Une scène aurait pu se passer dans la cuisine d'un appartement bourgeois. Le pauvre mec, ne se doutant de rien, se beurre une tartine et propose à son épouse :

— Veux-tu que je te prépare ton café, ma chérie ?

Pauvre mec, mais sympa, parce que, lui, il n'aime pas l'odeur du café ; il ne boit que du thé ! Bref, stressée, la nana ne répond même pas (vu son état, il vaut mieux pour ses nerfs qu'elle n'avale pas d'expresso) et, en mangeant, mais uniquement ses mots, explique :

— Je ne rentrerai pas ce soir. Je te quitte...

Ça, évidemment, c'est un vrai début ! Un truc qui prend aux tripes, à commencer par celles du largué qui, du coup, n'a plus du tout envie de beurrer quoi que ce soit, puis pose son couteau (un vieux truc de cuisine pas émoulu depuis des lustres avec lequel il ouvre parfois à peine une enveloppe, mais pour les veines il ne faut pas même pas y penser). Et, question de dire quelque chose, il bredouille mi-inquiet, mi-rigolard :

— C'est une blague ?

Le dialoguiste devra évidemment trouver un truc moins banal mais, en même temps, cette expression bouche-trou prouve le désarroi du gaillard. Car les grandes douleurs sont trop souvent muettes.

Quand, par exemple, on apprend la mort d'un être cher, on ne se lance pas directement dans un éloge funèbre digne de Bossuet. On peut s'exclamer d'un air implorant et respectueux, « Oh, mon Dieu ! », alors que si l'on croit en celui-ci, il serait normal de le tenir pour responsable du drame et de le menacer : « Si tu existes, tu ne perds rien pour attendre ! »

Bref, dans le cas de la rupture d'un matin sans café, il faudrait une formule plus percutante.

Après, le sieur Guillaume Simon n'aurait qu'à se débrouiller mais, in fine, la fille se rend compte que son nouveau compagnon se moque d'elle et qu'en fait, il drague toujours dans les séminaires afin de tromper son ennui et, dommage collatéral, la femme avec laquelle il vit!

Pour lui faire une surprise, elle surgit à l'hôtel où il termine de « brainstormer » et, horrifiée, découvre son amant enlacé avec une fausse blonde dans la salle, non pas de « brain », mais de bains!

Sautant dans sa voiture, elle n'a plus qu'une idée en tête: retrouver son mari qu'elle a stupidement abandonné au profit d'un playboy, faux gentleman et vrai menteur! Pourvu qu'il ne se soit pas consolé dans des bras accueillants, qu'il lui ouvre sa porte et, surtout, son cœur!

Évidemment que le brave gars a attendu! Il a chialé, pesté, mal dormi mais toujours espéré! Nous sommes le 24 décembre, la soirée commence. Main dans la main, les amoureux courent sur les Champs-Élysées illuminés et, heureux, crient à la foule fendant un vent glacial:

— Joyeux Noël!

Générique sur fond de chansons de circonstances, larmes aux yeux et succès garanti! Voilà ce qu'il aurait dû pondre Guillaume Simon: une belle comédie romantique avec une « happy end » pleine de sapins enguirlandés! Ras-le-bol de la noirceur, de la morosité, de la déprime, de la société qui se déglingue, des amours qui se cassent la gueule, des gens blasés et tordus, revenus de tout sans être allés nulle part!

Vous l'aurez compris: jusqu'au dénouement heureux qui ne s'est pas produit, il s'agit de l'histoire d'Alexis Géraut. Laurène s'en est allée un matin de septembre rejoindre Éric Bontremps, un beau parleur payé pour l'être puisque, sur les thèmes relevant de ce que l'on nomme désormais « le développement personnel », il organise ces fameux séminaires. Ceux-ci sont trop courts pour que l'on réalise à quel point les propos de l'animateur sont creux, mais suffisamment longs pour que le don Juan puisse séduire l'une ou l'autre cliente.

Dans le bout de scénario qu'Alexis vient d'échafauder, il n'a pas directement mentionné Valentin, leur fils de sept ans, sa raison de vivre, qu'il ne voit désormais que trop rarement.

Alexis a déployé une énergie folle afin d'empêcher ce divorce. En vain. Laurène était comme ensorcelée par cette espèce de gourou de la communication inutile. Et si elle ne l'avait pas encore épousé, c'est simplement parce qu'Éric était encore officiellement marié à Astrid qui, elle-même, avait succédé dans la liste des « Mesdames Bontremps » à Géraldine et à Sophia...

À cinquante-deux ans, le chantre du mieux-être et de la sérénité éprouvait visiblement des difficultés certaines à trouver durablement l'épanouissement auprès d'une seule femme.

Laurène, quarante ans, attend donc que la place se libère pour l'occuper légalement. Elle a déjà pris possession des lieux, un spacieux duplex avenue Montaigne, et déménagé ses affaires sans avoir eu la délicatesse d'en avertir Alexis.

Pris dans un tourbillon déstabilisateur, Valentin peine à prendre ses marques entre ses deux adresses, mais plus encore entre son papa paumé et un homme ayant déjà recomposé plusieurs fois sa famille. Valentin a ainsi vu défiler cinq garçons et filles tous plus âgés que lui ne partageant pas la même mère.

C'est dans ce cataclysme sentimental qu'Alexis rentre à Paris ce 24 décembre 2003 en début de soirée. Il n'a strictement rien prévu pour Noël puisque Valentin passe la semaine avec Laurène.

Il va vraisemblablement déposer sa valise dans son appartement, à La Madeleine, appeler ses parents installés à Saint-Raphaël, aller manger dans le quartier, avaler un somnifère et, le lendemain, s'offrir une grasse matinée.

Depuis que Laurène l'a forcé à renouer avec le célibat, Alexis Géraut séjourne davantage à Londres où il croise moins de copains à qui il se sent obligé de raconter sa déconvenue. Et puis le travail ne manque pas, et lire des scénarios fussent-ils nuls, distrait Alexis de ses tracas.

À quarante-quatre ans, jusqu'à récemment, il aurait juré que lui et Laurène vieilliraient ensemble. Leurs jobs respectifs (lui dans la production cinématographique, elle dans le marketing d'une multinationale) représentaient des revenus confortables permettant de donner à Valentin une scolarité de bon niveau tout en lui préparant un avenir relativement confortable.

Voilà moins de six mois, pour les quarante ans de Laurène, Alexis avait murmuré :

— Et si on faisait un deuxième enfant ?

La jeune femme ne s'était pas montrée hostile au projet. Hélas, un peu plus tard, Laurène avait été interpellée par des petites phrases du genre « Êtes-vous réellement satisfaite de votre existence ? », « Ne vous êtes-vous pas laissée enfermer dans un doux ronron qui ne vous ressemble pas ? », « À tout âge, on peut changer de vie, il suffit de le vouloir ! », « Il n'est jamais trop tard pour prendre son destin en main ! »

Un chapelet de fadaises débitées par un bellâtre rémunéré des fortunes afin d'étaler sa psycho pour neuneus et faire rêver des femmes, mais également des hommes, ne s'étant jamais remis de ne pas avoir trouvé de logement au pays des Bisounours ! Voilà ce que pensait Alexis de ces prises de tête pour gens n'ayant pas grand-chose dedans !

Il avait fallu en plus que cet Éric Bontremps répète ces niaiseries à Laurène dans des séances particulières, une coupe de champagne à la main.

Pas pressé de descendre du train, Alexis Géraut range ses dossiers, enfile son veston gris perle auparavant soigneusement placé dans le filet, puis son manteau bleu marine et, avant de le boutonner, noue une écharpe en cachemire de la même couleur. Se trouvant dans le wagon de queue, Alexis parcourt une bonne partie du quai avant d'apercevoir le hall de la gare du Nord et le monde qui s'y affaire.

Il va tourner à droite, aller acheter deux, trois magazines et sans doute un bouquin au « Relay » pour sa fin de soirée quand il voit devant lui, un homme, un chauffeur de maître, tenant une pancarte où ont été écrits au feutre rouge un prénom et un nom : « Lionel Pélissier ».

L'inconnu s'avance vers Alexis et demande :

— Monsieur Pélissier ?

En une fraction de seconde, Géraut répond :

— C'est moi !

— Bonsoir, Monsieur. Donnez-moi votre valise ! La voiture est garée à deux pas.

Et comme s'il avait sauté sur la première occasion pour échapper à un Noël tant redouté, Alexis enfonce ses mains dans les poches de son pardessus et se dirige vers une limousine de marque allemande à l'arrière de laquelle il s'installe.

Avant de démarrer, le conducteur saisit le combiné du téléphone.

— Madame, c'est Hector. Nous quittons la gare.

Sans poser la moindre question, Alexis Géraut se laisse embarquer dans un Noël qui ne ressemblera forcément pas à celui qu'il a imaginé. Et, en faisant abstraction de l'inconscience avec laquelle il agit, il en est soulagé.

Hector roule à vive allure sur le périphérique ouest.

— Vous êtes content de ce véhicule ? demande Alexis.

— Ravi, monsieur ! Dans le passé, j'avais déjà utilisé des BMW, mais cette série 7 constitue une réussite totale.

— Je reconnais que la banquette arrière est douillette. On y dormirait...

— Nous serons arrivés dans cinq minutes, cela n'en vaut plus la peine ! plaisante Hector.

Alexis a vu une plaque « Le Vésinet ». Quelques instants plus tard, le chauffeur actionne une télécommande reliée à une grille en fer forgé. Encore une vingtaine de mètres, puis le véhicule s'immobilise. Hector ouvre la portière arrière droite et Alexis descend au pied de quelques marches d'un escalier particulièrement imposant. Devant une double porte blanche apparaît une dame d'environ soixante ans, toujours très belle, grande, mince, cheveux noirs courts, vêtue d'une robe longue blanche et bleue parsemée de motifs jaune pâle.

— Bonsoir, Lionel, je suis heureux que vous ayez pu venir !

— Bonsoir, Madame.

— Ne recommencez pas à m'appeler Madame ! lui reproche-t-elle gentiment. Et encore moins Madame de Saint-André ! Madeleine suffira.

— Eh bien, dans ce cas, bonsoir, Madeleine !

Et il lui baise la main.

— Vous êtes charmant ! s'amuse-t-elle. Oui, vraiment charmant, Lionel ! Désirez-vous vous changer pour le réveillon ? Les hommes n'ont pas opté pour le smoking, donc vous êtes libre de choisir la tenue qui vous plaira ! Hector va vous montrer votre chambre. À tout de suite...

Par chance, Géraut avait emporté dans son bagage un complet gris foncé, veste croisée, ligné blanc, une chemise bleu ciel (encore) propre et une cravate bordeaux. En nouant le nœud, Alexis croise son regard dans la glace et murmure :

— T'es peut-être en train de t'enfoncer dans un sacré bourbier !

Puis, après s'être légèrement aspergé d'eau de toilette, il inspecte sa tenue, et ricane :

— Mais, après tout, tu t'en fous !

À l'évidence, Alexis Géraut, garçon d'habitude raisonnable, ne se trouve pas dans son état normal.

En rejoignant le salon-salle à manger qui aurait pu également servir pour un bal, voire une partie de tennis tellement ses dimensions sont énormes, Alexis découvre deux couples, des gens ayant entre cinquante-cinq et soixante-cinq ans.

— Je vous présente mon ami Lionel Pélissier ! clame Madeleine plutôt très fière de son annonce.

— Enchantés ! répliquent les quatre en chœur.

— Et pour continuer les présentations, dit Madeleine, voici Paul et Françoise Verget, puis Robert et Claire du Ponthier.

— Bonsoir à tous, fait Alexis se surprenant de sa propre décontraction.

— Madeleine nous a tellement parlé de vous ! s'exclame Claire.

— Et dans des termes qui vous feraient vraisemblablement rougir ! ajoute Françoise.

— A l'en croire, ironise Robert, sur terre, il y a un homme exceptionnel, vous, et puis les autres !

— Dont nous deux ! soupire Paul.

Firmin, le maître d'hôtel, fait sauter le premier bouchon de champagne et remplit les flûtes.

— Je vous souhaite à tous un joyeux Noël ! lance Madeleine.

— Joyeux Noël ! reprennent les cinq autres.

Dans le courant du repas, Alexis, habitué par profession à décortiquer les scénarios, tente de comprendre celui dans lequel il joue un rôle dont, à part le patronyme, il ignore tout.

— Depuis des mois, Madeleine nous assure avoir rencontré un ami charmant avec qui elle passe des moments exquis, explique Robert. Mais, nous n'en savons guère plus à votre sujet.

— À chaque fois qu'ils me posaient des questions, ajoute la maîtresse de maison, je les faisais patienter... Alors, vous comprendrez bien que dès qu'ils ont su que vous seriez des nôtres pour le réveillon, ils piaffaient d'impatience...

— Nous savons que vous êtes dans les affaires, insiste Françoise. Mais lesquelles ?

— Le cinéma, assure Alexis en regardant droit dans les yeux Madeleine qui continue à sourire, presqu'en jubilant.

— Il paraît que vous travaillez surtout à Londres, enchaîne Claire.

— Oui, le siège de la société dans laquelle je suis associé est là-bas. Et, sans critiquer mon pays, la production cinématographique est plus attractive en Grande-Bretagne.

— Vous financez des films ? interroge Françoise.

— Dans la boîte, nous sommes trois à choisir les scénarios. Et, pour ma part, je donne également mon avis sur les castings.

— Quel boulot passionnant ! s'anime Claire qui, plus jeune, rêvait d'être actrice. Vous avez un long-métrage à l'affiche en ce moment ?

— À Paris, nous avons « Shakespeare n'est pas mort » de Samuel Jackson avec Michaël Duino et Barbara Courtney.

— Nous l'avons vu ! réagissent Françoise et Paul. Et nous avons adoré !

— Je vous remercie de votre appréciation car j'ai particulièrement défendu l'histoire auprès de mes deux amis qui nourrissaient des hésitations à son égard. Mais ils sont rassurés ! Avant même sa sortie en France, cette production était largement bénéficiaire.

— Vous m'accorderez que je n'avais pas menti : Lionel est un être exquis et passionnant ! souligne Madeleine.

Assailli par les curiosités les plus diverses, Alexis-Lionel a à peine le temps de s'intéresser à ses voisins de table.

— À côté des vôtres, nos activités n'ont rien de folichon, s'excuse presque Robert. Moi, je suis dans l'import-export...

— Et moi, dans l'immobilier, enchaîne Paul.

— Beaucoup de métiers offrent des côtés attrayants, réplique Alexis.

— Le vôtre les dépasse à peu près tous ! minaude Claire croyant peut-être pouvoir encore être embauchée ne serait-ce que dans une figuration.

— La télé vous intéresse-t-elle ? se lance Madeleine.

— Nous coproduisons une série pour une chaîne anglaise, « The beach », qui racontera en six épisodes des histoires insensées et parfois mystérieuses se déroulant au bord de l'océan. Peut-être, d'ailleurs, cette plage-là traversera-t-elle la Manche...

Chacun rit et s'extasie des bons mots et des anecdotes de ce délicieux Lionel Pélissier.

— Quelle est votre actrice préférée ?

— Charlotte Rampling. Elle a tout pour elle, le talent, le charme, la classe... et un parfait bilinguisme !

— Quelle star voudriez-vous engager ?

— La sublime Fanny Ardant, mais elle m'impressionne tellement que je ne sais pas si j'oserais l'aborder ! Heureusement, son agent devrait me faire moins d'effet...

— Avez-vous déjà écrit vous-même une fiction ?

— Non.

Puis, fixant Madeleine :

— Mais une idée est peut-être en train de germer...

— Au fait, Madeleine nous avait assuré que vous aviez plus de cinquante ans, en rajoute Claire. Franchement, vous ne les faites pas !

— En réalité, tranche Alexis, je suis comme le Père Noël à qui plus personne ne parvient à donner d'âge !

Il est plus de deux heures quand les convives se séparent en ne tarissant pas d'éloges sur la qualité de ce réveillon d'ores et déjà inoubliable.

— Cher Lionel, revenez vite au Vésinet !

— Nous avons hâte de vous écouter à nouveau !

— Madeleine, organisez donc quelque chose dans le courant du printemps, ici ou chez nous !

On s'embrasse, les Verget et du Ponthier s'en vont, Firmin revient au salon, ramasse quelques verres vides et demande :

— Madame aura encore besoin de moi ?

— Non, Firmin, je vous remercie. Vous pouvez aller vous coucher.

— Bien, Madame, et encore un joyeux Noël.

— Joyeux Noël à vous aussi, Firmin, ainsi qu'à votre famille !

— Merci, Madame. Bonne nuit, Monsieur !

— Bonne nuit, Firmin !

Et il ferme la porte.

Alexis jette un coup d'œil sur le rayonnage d'une bibliothèque et tourne le dos à Madeleine.

— Vous avez été remarquable ! Je vous félicite, lance Madeleine d'un ton très calme.

Un temps, puis :

— Je vous accorde ma reconnaissance éternelle.

Il se retourne :

— Vous ne savez pas à quel point vous avez droit à la mienne...

Alexis s'assied dans le fauteuil à côté de celui occupé par Madeleine qui le dévisage, amusée.

— Je pense que vous devez briller dans la production cinématographique, mais je suis convaincue que vous feriez un acteur exceptionnel.

Il éclate de rire.

— Certainement pas !

— Mais enfin, vous venez d'improviser plusieurs heures de rang en ne sachant rien du jeu auquel nous jouions ! Vous avez même fait preuve de génie !

— Je n'ai tenu que mon rôle en acceptant de porter le nom d'un autre ! Pour décrocher un Oscar, il va me falloir montrer d'autres qualités…

Madeleine devient plus soucieuse.

— J'ignore pourquoi vous avez rejoint ma propre folie. Mais vous m'avez comme sauvé la vie...

Alexis se lève et se dirige vers le bar.

— Voulez-vous que je vous serve quelque chose ?

— Un fond de cognac, merci.

Pendant qu'Alexis prend la bouteille et remplit deux verres, Madeleine raconte.

— Voici plus d'un an, à Londres, lors d'un voyage d'agrément, j'ai fait la connaissance d'un Français d'une cinquantaine d'années travaillant là-bas, Lionel Pélissier. Il m'a séduite intellectuellement. Il était brillant, élégant, attentionné... Nous nous sommes revus à de nombreuses reprises, à Londres principalement. Et, au fil des mois, j'avoue être tombée amoureuse. Il a fini par m'assurer que les sentiments étaient réciproques. Mais, dans la foulée, il m'a demandé de lui prêter une grosse somme d'argent dont il avait besoin pour se sortir des conséquences d'un mauvais investissement... À partir du moment où je lui ai rendu ce service, j'ai beaucoup moins entendu et vu Lionel. Il était sans cesse débordé, allongeait ses journées de boulot afin de remédier à sa situation délicate...

— Vous lui avez fait signer une reconnaissance de dette ?

— Bien sûr ! J'étais éprise, certes, mais pas envoûtée. J'ai même fait stipuler sur le document que le sieur Lionel Pélissier disposait de trois mois pour me rembourser. Il a trouvé la clause un peu rude mais j'ai ajouté que je ne compterais aucun intérêt.

— Et quand a eu lieu cette transaction ?

— Il y a eu cinq mois le 22 décembre... J'étais emballée par ce type, donc, je ne me suis pas suffisamment méfiée. Et, évidemment, j'ai commencé à en parler à mes amis. Lionel tardant à venir me rendre visite, dès la mi-novembre, j'ai posé un ultimatum pour le 24 décembre : il passerait le réveillon au Vésinet ! Il accepta d'emblée et, par la suite, nous échangeâmes quelques coups de téléphone confirmant notre rencontre de Noël. Enfin, j'allais pouvoir montrer cet homme courant d'air à mes relations les plus proches !

Madeleine se tait, avale une gorgée de cognac.

— Quand a-t-il changé d'avis ?

— Aujourd'hui, en fin d'après-midi... Il n'a même pas pris la peine de m'appeler. Il s'est planqué derrière un texto : « Bloqué à Londres. Désolé pour ce soir. Joyeux Noël quand même ! Lionel ». J'ai immédiatement composé son numéro ; il n'a pas daigné décrocher. Je ne sais plus de quoi je l'ai traité, mais je me souviens avoir été moi-même sidérée par la richesse de mon vocabulaire de charretier...

Alexis sourit.

— Nous avons tous des trésors très bien cachés...

Madeleine prend son verre qu'elle tient des deux mains.

— J'étais folle de rage et désespérée. Il fallait que je règle son compte à ce malotru, mais, le plus urgent : sauver la face vis-à-vis de mes amis et de mon orgueil ! Vous allez peut-être me juger ridicule...

— Pas un instant ! Je sais tout de la douleur d'être trompé...

— Hector était déjà parti pour la gare du Nord où il devait pêcher Lionel à la sortie de l'Eurostar. Je lui ai ordonné de dénicher l'oiseau rare qui remplacerait Lionel au débotté, quitte à le payer très cher s'il le fallait ! L'idée était stupide, j'en conviens, mais c'est la seule qui ait traversé mon esprit tourmenté. Hector commençait à paniquer, car il se faisait tard, quand vous êtes apparu. Il m'a confié qu'il avait eu une sorte de flash à votre sujet et qu'il s'était jeté à l'eau comme s'il se méprenait vraiment sur votre identité. Durant le trajet, il n'osait croire à la chance qui venait brusquement de lui tomber dessus. J'étais tout aussi hébétée lorsque nous vous avons accueilli au salon. Brusquement, j'ai craint avoir introduit chez moi un dingue, un malfrat ou un mauvais plaisantin... Puis, au fil des heures, vous m'avez épatée, éblouie et je n'ai plus cherché à comprendre. J'ai profité de chaque instant de cette magnifique soirée, un peu comme si vous étiez le Père Noël car, je peux vous l'avouer, vous avez apporté de la magie à mon réveillon...

Pierre dégrafe son col de chemise et dénoue son nœud de cravate, puis se ravise.

— Vous permettez que...

— Je vous en prie... Après de telles confidences, vous ne voudriez pas que je m'offusque d'une tenue allant doucement vers le négligé, le taquine Madeleine.

— J'ignore précisément pourquoi j'ai immédiatement joué le jeu d'Hector. Sans doute qu'inconsciemment, aujourd'hui, j'avais besoin d'être un autre...

⁂

Il n'est pas loin de 5 heures 30 quand Madeleine et Alexis terminent d'échanger leurs tristesses, leurs espoirs, quelques secrets tout en scellant une amitié qu'instinctivement, ils savent durable.

— Nos routes ne se sont pas croisées par hasard, jure Madeleine.

Le lendemain, vers midi, lorsqu'ils se retrouvent devant du café bien serré, ni l'un, ni l'autre n'a bonne mine.

— Vous avez quelque chose de prévu à Paris ?

— À part dormir, rien...

— On dort mieux ici ! Restez ! Je vais vous faire visiter la maison et le jardin. Et ce soir, nous boirons de la verveine, d'accord ?

— Évidemment, si vous me prenez par les sentiments...

Un peu plus tard, en sa baladant sous les grands arbres entourant la villa, Madeleine et Alexis bavardent, décident qu'il sera plus simple d'expliquer la vérité aux Verget et du Ponthier, et que, dès le 27 décembre, plainte sera déposée contre Lionel Pélissier.

— Quand retrouvez-vous votre fils ? interroge Madeleine.

— Le 1er janvier à midi. Il revient des sports d'hiver avec sa mère et le Jules de madame... Je vais chercher Valentin gare de Lyon.

— Vous êtes très portés sur les gares, en ce moment, plaisante Madeleine !

— Oui, et là, je ne fais qu'entamer mon circuit. Si tout va bien, je terminerai par Austerlitz !

❄❄

Le 1er janvier, à l'heure prévue, Alexis guette son petit bonhomme qui lui a tant manqué. Du bout du quai, il l'aperçoit et court vers lui. Valentin fait de même, lâchant la main de sa maman.

— Bonne année, mon papa d'amour ! crie le gamin en sautant dans les bras d'Alexis.

— Merci ! Heureuse année à toi aussi, réplique-t-il en faisant voltiger le gamin.

Ce n'est que deux ou trois minutes plus tard qu'il se rend compte que Laurène les observe, attendrie. Et seule.

— Euh... Bonne année, Alexis !

— Tous mes vœux !

— Tu vas bien ?

— Ça va, oui.

— On va manger ? s'impatiente Valentin.

— Bien sûr ! On ne va pas commencer janvier en se mettant au régime ! Un hamburger géant et des frites, ça te va ?

— C'est quand on entend des choses pareilles qu'on se dit qu'on a le meilleur papa du monde !

Alexis s'adresse à Laurène.

— Tu es en voiture ?

— Non.

— Et...

Il ne parvient jamais à prononcer son prénom.

— Éric ?

Il y a un court silence.

— Nous avons rompu. Il est toujours à la neige.

— Et même que c'est vachement bien comme ça ! glisse Valentin à l'oreille de son père.

Alexis bredouille.

— Ah ! Bon... Tu... Tu es libre à déjeuner alors ?

— Oui, sauf si vous voulez rester entre hommes, sourit Laurène.

— Oh non ! tranche net Valentin ! À trois, il n'y a rien de mieux...

Le repas est joyeux, Valentin heureux et bavard. Le trio ne se quitte pas de l'après-midi, ni de la soirée.

Et, doucement, la perspective d'une vie de famille « comme avant » naquit avec l'an nouveau. Oui, pour Alexis Géraut, en cette période de fêtes, il se passait de jolies choses dans les gares...

Une bouteille de champagne oubliée peut sauver une vie

À trente-sept ans, Maurice Parturier vit toujours chez sa mère, Geneviève, quelque part dans la région de Rouen. Ils partagent une grande maison qui pourrait héberger une famille nombreuse. Cent fois, au moins, celle-ci lui a dit :

— Tu peux me laisser maintenant ! Va vivre ta vie !

Mais Maurice n'a jamais rien voulu entendre. Au fond de lui, il rêve de quitter le nid familial et de voler de ses propres ailes. À l'une ou l'autre reprise, il a d'ailleurs été sur le point de partir, d'autant que sa maman l'y poussait vraiment. Voici trois ans, il a même pris la décision de rejoindre Nicole, la jeune femme avec qui il sortait depuis sept mois. Et puis, les amoureux se sont disputés. Maurice a toujours juré à sa mère que ce n'était pas à cause d'elle. Il a simplement expliqué :

— Heureusement, je me suis rendu compte juste à temps que Nicole n'était pas pour moi.

Geneviève a fait semblant de le croire mais elle a toujours été convaincue que Maurice s'était sacrifié. Une autre fois, Geneviève se montrant insistante sur l'importance pour Maurice de prendre un appartement, le grand garçon a bredouillé quelques mots puis ajouté :

— J'ai promis, tu le sais bien.

La promesse, il l'a faite vingt ans plus tôt lorsque son père, épuisé par une longue maladie, s'en est allé. Quelques jours avant d'être soulagé de ses immenses souffrances, il a murmuré à son fils le fixant l'air inquiet :

— Toi, tu vas te construire un brillant avenir, j'ai toute confiance. Mais c'est pour ta mère que je m'inquiète beaucoup. Dis-moi… Tu t'en occuperas bien ?

Maurice lui avait pris la main qu'il avait serrée fort en le fixant dans les yeux :

— Je te promets, papa. Je ne l'abandonnerai pas.

Visiblement soulagé par la parole de son fils, René avait répété à Geneviève les mots de Maurice. La maman en avait été émue et, bien plus tard, lorsque cet enfant unique si attaché à ses parents les lui avait rappelés, elle avait souri tristement.

— Je sais, Maurice, mais tu as tenu ta promesse au-delà de tout ce que ton père aurait pu espérer. Et, de toute façon, tu n'iras jamais habiter bien loin de chez moi…

Très tôt, Maurice a pris René Parturier, son père, comme modèle. Modèle de rigueur morale, d'élégance naturelle, d'acharnement au travail. Comme lui, Maurice serait avocat. Il a obtenu son baccalauréat trois semaines avant le décès de René. Et s'apprêtait donc à entreprendre des études de droit. Qu'il a brillamment réussies. Par la suite, les anciens associés de son père l'ont accueilli chaleureusement au sein de leur cabinet où par son talent, Maurice a rapidement trouvé sa place.

En 1985, cela fait tout juste vingt ans que René Parturier a disparu. Geneviève, âgée de soixante-quinze ans, est évidemment heureuse de voir son fils si souvent. Même si, ayant toujours bon pied, bon œil, elle participe à de nombreuses activités. Elle fait profiter des œuvres de bienfaisance de ses services quand elle ne suit pas des cycles de conférence ou ne chante pas dans la chorale de la paroisse.

Depuis environ quatre mois, Maurice sort régulièrement avec Claudia, une belle Italienne architecte d'intérieur, rencontrée dans une soirée mondaine. D'emblée, ils se sont trouvé des tas de points communs : l'amour des études, de la lecture, du cinéma, de l'opéra, des bons restaurants… Et, dès le lendemain, ils ont d'ailleurs décidé d'en tester un dont on leur disait le plus grand bien. Le menu était exquis, l'endroit magnifique et la jeune femme sublime. Ses longs cheveux noirs retenus par un chignon mettaient encore plus en valeur le décolleté de sa robe bleu marine pailletée. À trente ans, Claudia cherchait l'âme sœur. Ce soir-là, en rentrant chez lui, Maurice rêvait : et si cette âme sœur, c'était lui ?

Assez vite, il a parlé de Claudia à sa maman qui, connaissant son fiston par cœur, l'a taquiné.

— Toi, tu es amoureux !

Maurice n'a pas rougi, seulement bredouillé.

— Mais… Mais… Qu'est-ce tu racontes ?

Puis il s'est repris.

— Voyons, on ne tombe pas amoureux aussi vite !

— Pourquoi, s'est amusée la mère, il y a un délai imposé par la loi, Me Parturier ?

Maurice a haussé les épaules.

— Ces choses-là sont trop sérieuses pour être précipitées.

— Certes, ce n'est pas ton genre, ce en quoi tu as raison, d'ailleurs. Simplement, je sais que cette jeune femme fait plus que te plaire ; elle te perturbe…

Maurice retrouvait ses réflexes d'avocat.

— Tu as des preuves ?

Geneviève avait éclaté de rire.

— Je commence l'inventaire?

Le duel s'était arrêté là. Maurice s'en était sorti par un baiser déposé sur le front de sa mère.

— Je te la présenterai bientôt…

Ce jour-là arriva et Geneviève reçut la confirmation que Maurice était très sérieusement épris de la belle Claudia, tout en constatant que les sentiments semblaient réciproques.

À l'approche des fêtes de fin d'année, Geneviève invite Claudia à partager le rituel déjeuner de Noël, une démarche qui, dans le chef de la septuagénaire, n'est évidemment pas anodine. Ce repas-là constitue une tradition familiale. Autour de la table, il y aura la sœur, le beau-frère de Geneviève ainsi que leurs enfants et petits-enfants. L'irruption de Claudia représente évidemment un événement.

En revanche, Maurice a choisi de passer le réveillon chez Claudia, en tête-à-tête. D'habitude, il reste avec sa maman. Moyennant quoi, il s'est excusé au moins trois fois de la laisser seule! Au point que Geneviève a dû le faire taire.

— Je suis ravie, pour toi comme pour moi! Je terminerai mes préparatifs et j'irai me coucher tôt! Ce n'est plus de mon âge d'attendre minuit… Autrefois, lorsque nous allions à la messe, c'était différent. Maintenant, je préfère celle du matin. Donc, tout va bien!

Le 24 décembre, vers 19 heures, Maurice enfile un costume gris foncé, noue une cravate en soie rouge sur une chemise blanche, embrasse sa maman et saute dans sa voiture. Claudia habite à cinq kilomètres de son domicile.

Maurice en a parcouru entre deux et trois quand il se rend compte qu'il a oublié la bouteille de champagne millésimé promise à Claudia. Il a la possibilité de faire immédiatement demi-tour. Maurice accélère, prenant certaines libertés avec la limitation de vitesse. Arrivé devant son domicile, il ne coupe pas le moteur, il descend, claque la portière, court dans l'allée menant à la porte d'entrée, ouvre et crie :

— Maman, c'est moi ! J'ai oublié le champagne.

Il se dirige vers la cuisine et le frigo où il a rangé la bouteille. Il passe ensuite dans la salle à manger, pensant y voir sa mère aligner les couverts sur la table ou sortir d'un buffet les verres en cristal réservés aux grandes occasions. La pièce est éclairée, la vaisselle est en place mais Geneviève n'a pas achevé son travail.

— Maman, où es-tu ?

Silence total. En deux secondes, Maurice comprend que quelque chose d'anormal s'est produit. Il monte au premier étage. Geneviève ne s'y trouve pas.

— Maman, réponds !

Maurice redescend, réfléchit où sa mère aurait pu se rendre. Il parcourt rapidement le rez-de-chaussée. Puis pense à la cave où Geneviève range des victuailles. Du haut des escaliers, il remarque que la lumière est branchée. Il appelle encore.

— Maman !

Deux secondes plus tard, il découvre le corps de Geneviève au bas des escaliers, inerte au milieu de son sang.

Maurice ne panique pas. Il réalise tout de suite qu'il n'y a pas un instant à perdre. Il remonte, appelle une ambulance, puis leur médecin, le docteur Macherin, leur voisin. Celui-ci, qui s'apprêtait à réveillonner, se précipite et tente de rassurer Maurice :

— Elle vit encore. On va la sauver.

Juste avant l'arrivée de l'ambulance, Maurice téléphone à Claudia et, n'oubliant pas sa bonne éducation, présente ses excuses pour cette soirée ratée. Claudia abrège la conversation.

— Je te retrouve à l'hôpital.

C'est là-bas, dans une salle d'attente, que les tourtereaux passent leur premier réveillon de Noël arrosé de gobelets d'eau minérale pas très bonne et de tasses de café franchement mauvais.

Au bout de longues heures d'angoisse, l'heureuse nouvelle tombe enfin : les jours de Geneviève ne sont plus en danger.

Atteinte d'une commotion cérébrale, elle va s'en sortir et, mieux encore, ne garder aucune séquelle de cet accident dû à une chute stupide dans les escaliers. Geneviève n'a pu se retenir à la rampe et s'est fracassé la tête contre le sol.

Pour Noël, Maurice s'est offert une splendide crise de culpabilité :

— Si je ne l'avais pas laissée seule, ce ne serait pas arrivé.

Plus tard, sa mère lui rétorquera :

— Qu'est-ce que tu en sais ?

— L'essentiel, insistera Claudia souriante auprès de son amoureux, c'est que, grâce à notre bouteille de champagne, tu lui as sauvé la vie…

Claudia a amené de la sérénité dans l'existence de Maurice. Lorsqu'elle a réalisé que celui-ci était l'homme avec qui elle voulait se marier et fonder une famille, Claudia a proposé :

— Et si nous nous installions dans votre grande maison ? Ta maman disposera de son espace, et nous, du nôtre, sans que nous puissions nous gêner les uns, les autres. Et, de cette façon, tu ne seras jamais loin d'elle…

Maurice a forcément trouvé l'idée épatante. Elle lui avait évidemment souvent traversé l'esprit, déjà bien avant de connaître Claudia, mais il n'avait jamais pensé qu'une femme accepterait pareil arrangement.

La belle avait doublement fait mouche en conquérant définitivement le cœur de Maurice et en s'assurant l'affectueuse reconnaissance de belle-maman…

Les retardataires ne sont pas toujours à blâmer

D'habitude, le 24 décembre, Benoît Vanaux ferme son restaurant. Ce soir-là, les gens se retrouvent chez eux. Mais, en cette année 1966, Benoît Vanaux, quarante-cinq ans, professionnel reconnu, a décidé d'innover. Il ouvrira, mais uniquement pour sa bande d'amis. Il donnera congé à ses employés et se mettra aux fourneaux. Nadine, son épouse, l'assistera comme d'habitude et puis chacun mettra la main à la pâte, sous les ordres du patron, bien entendu !

Benoît et ses copains habitent dans la région d'Aurillac, en Auvergne. Celui qui se trouve le plus loin du point de ralliement, c'est Pierre Bordier. Avec son épouse Josette et leurs deux enfants, Éric et Bénédicte, ils devront parcourir vingt-deux kilomètres. Le rendez-vous a été fixé entre 19 h 30 et 20 heures. Les Bordier ont prévu de quitter leur domicile à 19 heures. Mais, voilà : fidèles à eux-mêmes, à 19 heures, ils ne sont pas encore prêts. Pierre, comptable, a travaillé jusqu'à la dernière minute.

— Je dois dépanner un client, a-t-il expliqué à son épouse.

— Un soir de Noël ? a-t-elle demandé agacée.

— Oui, madame ! s'est énervé Pierre. Moi, mes clients, je les soigne.

— Plus que ton ami Benoît qui organise un réveillon notamment pour nous !

Le ton est monté.

— Toi, avec ta morale à trois sous, tu n'as pas de leçon à me donner. Tu n'as même pas encore changé de robe !

— Pour le temps que ça prend…

Éric et Bénédicte, dix et douze ans, ont dû intervenir.

— Si vous ne vous engueuliez pas, on gagnerait du temps, a dit la fillette.

Les parents ont compris qu'ils étaient ridicules et ont accéléré le mouvement. Pierre a rangé ses dossiers, recouvert sa machine à écrire de sa housse et, dans leur chambre à coucher, a rejoint Bénédicte qui enfilait sa tenue de soirée.

— Tu es très jolie, a murmuré Pierre d'une voix douce. Ces couleurs te vont à ravir.

Bénédicte a souri.

— Si on nous demande pourquoi on est en retard, on dira que je croulais sous les compliments et que j'ai eu du mal à me relever…

Pierre dépose un baiser sur ses lèvres.

— Tu as bien mis les cadeaux dans le grand sac ?

— Dès ce midi, chef !

Et les voilà – enfin – partis !

« Chez Benoît » – nom du restaurant –, les invités seront au nombre de vingt.

À 20 h 10, il en manque quatre : les Bordier. À 20h30, ils ne sont toujours pas là.

— Je propose qu'on débouche déjà le champagne, lance le maître des lieux. Cela va faire arriver Pierre et sa famille.

— De toute façon, ajoute un persifleur, les Bordier ne sont jamais à l'heure.

— Pas de médisance un soir de Noël, coupe Nadine.

Les verres se vident, s'entrechoquent, se remplissent, se vident à nouveau... et les Bordier n'ont toujours pas montré le bout de leur nez.

— Cela devient inquiétant, constate Benoît. À tout hasard, je viens de téléphoner chez eux. Pas de réponse. Ils sont donc sur la route.

Certes, mais ce 24 décembre 1966 en fin de journée, la neige s'est mise à tomber et, très vite, les petites routes sont devenues dangereuses, à la limite du praticable. Et, par moments, les Bordier n'avancent plus. Au volant de sa 4 CV, Pierre n'en mène pas large. Il serre les dents car il ne veut pas communiquer son stress à Éric et à Bénédicte.

— Papa, pourquoi on ne roule plus ? demandent régulièrement les enfants anxieux.

— À cause de la neige, mes chéris, répond la maman. Mais cela va s'arranger, il ne faut pas avoir peur.

Ce n'est pas la première fois que Pierre et Josette se déplacent dans des conditions climatiques difficiles et, sans se parler, ils pensent la même chose :

— Nous nous en sommes toujours bien sortis !

Benoît et Nadine ne peuvent plus attendre en soûlant leurs convives au champagne dès le début du réveillon ! Ils les font passer à table et commencent à servir le foie gras. Les seize personnes se régalent déjà quand elles perçoivent le bruit d'un avertisseur sonore. Nadine Vanaux se précipite à la fenêtre.

— Ce sont les Bordier ! Au bout de la rue, ils semblent embourbés dans la neige.

— On va tous les aider ! s'exclame Benoît.

En une petite minute, les copains, et y compris leurs enfants, ont revêtu les vêtements de circonstance et courent tant bien que mal vers le véhicule en difficulté. Ils se mettent à pousser, et la 4 CV avance. Pierre, Josette, Éric et Bénédicte s'amusent de cette sorte de haie d'honneur ! Les Bordier se trouvent maintenant à hauteur de « Chez Benoît ». Pierre n'a pas le temps de couper le contact que la bande sursaute : une énorme déflagration vient de retentir dans le restaurant. Il y a eu un mouvement de recul général.

Paniqué, Benoît n'écoute pas les autres qui veulent le retenir. Visiblement, quelque chose de grave vient de se produire. Rapidement, le malheureux propriétaire comprend que la chaudière a explosé dans la cave, détruisant une partie de la maison, dont la salle où, un petit quart d'heure plus tôt, les Vanaux et leurs amis étaient réunis. Il ne fait aucun doute que sans le retard et les problèmes de circulation de la famille Bordier, tous auraient péri dans l'accident.

Le plus beau des cadeaux prévu pour le 28 décembre

Ann Connely n'a jamais été du genre à perdre son temps. Très jeune, elle a su qu'elle serait enseignante et elle l'est devenue sans s'attarder dans son parcours scolaire. À trente-deux ans, elle consacre de longues heures quotidiennes à la littérature anglaise, une passion qu'elle tente de communiquer à un grand nombre d'étudiants. De plus, c'est dans le collège qui l'emploie qu'elle a rencontré Peter qui partage la même spécialité. Entre eux, ce ne fut pas le coup de foudre mais une longue histoire de complicité qui, petit à petit, s'est transformée en amour. En 1992, une petite Diana a éclairé leur existence d'un jour nouveau.

Assez rapidement, Ann Connely a programmé un second enfant.

— Deux, c'est mieux. Mais ça suffit !

Peter a quand même eu le droit de donner son avis, qui allait dans le sens de celui de son épouse, mais il faut savoir que, chez les Connely, c'est Ann qui, comme on le dit couramment, porte la culotte. Elle est d'ailleurs suffisamment intelligente pour laisser croire à Peter qu'il décide de certaines choses. En définitive, il se contente d'exécuter ce que sa femme a choisi. Pour les vacances, par exemple, Ann ne se souvient pas que Peter ait apporté un jour la moindre idée. Elle ne lui donne d'ailleurs pas la possibilité d'en amener une.

— Cet été, nous irons en Crète. J'ai lu le guide le mieux fait sur cette île chargée d'Histoire. Nous allons y apprendre mille choses.

Sur place, Ann continuait forcément à se montrer dirigiste. Si Peter préférait lézarder au bord de la piscine, Ann, elle, se montrait incapable d'inactivité. Alors, sous une chaleur de plomb, elle emmenait sa moitié visiter un musée ou un site que son fameux guide avait classé dans les « incontournables ». C'est en Égypte que la dame avait atteint une sorte d'apothéose. Elle avait organisé un parcours qui la mènerait dans tous les endroits qui l'avaient fait rêver lorsque, adolescente, elle s'était plongée dans les récits des grands égyptologues en commençant par le journal d'Howard Carter ayant découvert en 1922 le tombeau d'un pharaon alors inconnu : Toutankhamon.

Cette année-là, Peter n'avait pu observer le moindre jour de repos. Ann lui avait imposé des conditions de logement la plupart du temps inconfortables et un programme qui, vu la chaleur ambiante et la fatigue qui accablait le malheureux, devait offrir des points communs avec l'enfer.

La petite maison qui abrite le couple et leur fille à Birmingham n'a pas fait davantage l'objet d'une longue discussion. Ann l'a repérée un jour en se baladant à vélo, a téléphoné à l'agence qui s'occupait de la vente, l'a visitée et, le soir même, a annoncé à Peter :

— J'ai trouvé l'endroit où nous allons désormais habiter.

Mais a subtilement ajouté :

— Nous allons le voir demain à 17 heures.

Et quand Peter lui a demandé si elle avait déjà eu l'occasion de le faire, elle a menti :

— Quand je suis passée devant, l'agent immobilier en sortait. Il m'a fourni quelques renseignements et m'a proposé d'entrer. J'ai juste jeté un coup d'œil sur l'entrée, le living et aperçu la cuisine… J'avoue avoir été séduite.

Dans la réalité, Ann avait inspecté la bâtisse de fond en comble, avait déjà pris des mesures et, sur le chemin du retour, échafaudait des plans d'aménagement.

Lorsqu'elle était revenue sur les lieux, Ann avait mieux vendu l'article que le commerçant dont c'était le job. Il faut croire que l'enthousiasme d'Ann sortait de l'ordinaire car Peter s'exclama :

— C'est génial !

Et le collaborateur de l'agence proposa le plus sérieusement du monde :

— Madame, vous devriez réfléchir à changer de métier ; je suis certain que mon patron vous engagerait dans l'heure.

Ann éclata de rire, apprécia le compliment mais précisa :

— Je ne suis convaincante que lorsque je défends quelque chose que j'aime. Je me sentirais donc bien incapable de vendre un taudis auquel, afin de gagner ma croûte, je serais obligée de trouver des allures de paradis terrestre…

Là encore, Ann avait gagné. Elle gagnait toujours.

Ses élèves savaient qu'avec elle, ils avaient tout intérêt à filer doux car Miss Connely n'était pas du genre à répéter trente-six fois la même chose. Les garçons et les filles qui comprenaient vite avaient toutes les chances de réussir. Les autres devaient s'attendre à subir quelques revers. Brillante, Ann éprouvait un faible pour les jeunes gens dans lesquels elle pouvait en partie se reconnaître. Elle n'abandonnait pas pour autant les autres sur le bord de la route, mais elle ne déployait pas une énergie folle à tendre la main à ceux qui pouvaient se retrouver dans le fossé.

Quant à ses collègues, ils savaient qu'Ann Connely montrait les crocs et qu'elle n'hésitait pas à s'en servir dès que quiconque lui marchait sur les pieds. Moyennant quoi, elle était une femme un peu crainte mais, surtout, respectée pour un professionnalisme jamais pris en défaut.

En ce qui concerne son second enfant, Ann Connely l'a programmé pour la fin décembre de 1994.

— Ce sera notre plus cadeau pour les fêtes, a-t-elle murmuré à Peter qui n'a pu qu'abonder dans le sens de son épouse.

Dotée d'un dynamisme hors du commun, Ann ne change quasiment rien à ses habitudes parce qu'elle est enceinte. En écoutant vaguement ce que son gynécologue lui a dit, Ann a décrété que le bébé arriverait entre Noël et Nouvel An. Elle a même arrêté une date : le 28 décembre.

Et comme d'habitude, Peter, mais aussi les membres de sa famille et belle-famille, en ont déduit qu'Ann aurait évidemment raison.

Dans la tête de l'intéressée, c'est tellement clair qu'elle a prévu d'organiser le réveillon de Noël chez elle. Ann y a convié une dizaine de personnes.

En fin de matinée, Kristin, sa meilleure amie, l'a rejointe afin de l'aider à préparer le repas. Au début de l'après-midi, Peter est parti avec Diana chez ses parents.

Les deux cuisinières s'amusent bien devant les fourneaux quand, subitement, vers 15 h 15, Ann ressent des douleurs ne trompant pas.

— Zut ! Je me suis un peu plantée dans le timing, grimace Ann. Tant pis, il faut aller à l'hôpital !

Manque de chance : Kristin ne possédant pas de permis, Ann doit prendre elle-même le volant. Elle a tellement mal qu'elle ne peut s'empêcher de hurler. La clinique est heureusement proche et Ann ne sera confrontée à aucun embarras de circulation. Elle ne cherche pas de place de parking, elle arrête son véhicule devant l'entrée, klaxonne plusieurs fois pendant que Kristin court chercher de l'aide. Anne peut à peine marcher.

Six minutes plus tard, montre en main, elle donne naissance à un petit garçon pesant 3,4 kilos qui sera prénommé Dirk !

Ann n'en revient pas d'une telle accélération. Les médecins n'ont plus. À telle enseigne que la presse locale s'emparera de l'histoire. D'autant que, très vite, Ann trouve le temps long, ce temps qui, comme on sait, elle a horreur de gaspiller. Peter a accouru avec Diana très excitée de découvrir son petit frère. Mais, vers 18 h 30, Ann décrète :

— Je me sens en pleine forme, je vais rentrer à la maison !

Peter avale de travers.

— Tu n'y penses pas !

— Je ne pense qu'à ça.

— Ce n'est ni sérieux, ni prudent.

— Promis, cette fois, je ne conduirai pas…

— On ne te laissera pas sortir.

— C'est ce qu'on va voir !

Et, effectivement, on vit. Ann plongea sur le téléphone, exigea d'urgence un toubib qui, craignant un souci avec sa patiente, mit moins de deux minutes pour se présenter dans la chambre. Et, face à la plaidoirie efficace d'Ann Connely, ne put soutenir aucune objection valable.

À 19 h 30, Ann pouvait quitter la maternité. Kristin avait pris les devants afin d'accueillir les invités et achever l'exécution de la dernière recette.

A 21 h 30, le réveillon commençait. Devant le sapin, Ann, radieuse, avait déposé le berceau du nouveau-né.

À douze ans, Lucy décide de faire basculer le destin

24 décembre 1969. Une jeune fille, Lucy Miquel, court dans une ville du Sud-Ouest de la France, vêtue d'une petite robe verte, choisie spécialement pour le réveillon. Les passants pourraient lire de l'anxiété sur son visage, s'ils prenaient la peine de s'arrêter. Mais non, ils ne la regardent pas. Certains l'observent galoper un bref moment puis replongent dans leurs pensées et leurs préoccupations.

Les idées de Lucy, elles, sont claires.

La demoiselle sait exactement où elle doit aller : 31, rue des Belles Vagues. Cette adresse est écrite en grand dans sa tête depuis de longues semaines déjà.

Depuis exactement ce jour de la fin du mois d'août. Lucy, douze ans, est occupée à dévorer un roman palpitant dans un fauteuil du living. Ses jolis yeux bleus plongés dans son bouquin, Lucy essaye d'ignorer Florence et Stéphane, ses parents, qui se disputent dans la pièce d'à côté. Ça fait maintenant quelques mois que ça dure. Ils se bagarrent jusqu'à ce que l'un claque la porte et s'en aille prendre l'air ou fumer une cigarette dans le jardin. La jolie adolescente souffre évidemment de cette mésentente. Elle a beau se répéter que tout va s'arranger, comme dans les histoires qu'elle lit, par moments, elle doute. Les contes de fées et la réalité, ça fait souvent deux. Quand ça barde vraiment trop, Lucy se réfugie dans sa chambre et, inquiète, attend que la tempête s'apaise.

Mais bizarrement, aujourd'hui, le ton ne monte pas. Il commence même à lentement descendre, jusqu'à ce que l'on ne perçoive plus rien. Quelques bruits de pas entendus… Ceux des deux adultes qui entrent dans la pièce. La jolie blonde relève la tête. Ses parents se tiennent devant elle, l'air embêté. Comme personne ne parle, la jeune fille demande :

— Il y a un problème ?

— Lucy, on doit te parler, dit Florence, en s'asseyant sur le lit.

Stéphane, lui, fixe ses pieds, ou le sol, ce qui revient au même. La maman enchaîne.

— Tu as sûrement remarqué que ton père et moi nous nous disputions souvent. La vie que nous menons tous les trois est devenue difficile, tendue. Nous ne pouvons plus continuer de la sorte.

Stéphane sort enfin de son mutisme.

— Pour notre bien à tous, nous devons changer. Ta maman et moi avons pris la décision de nous séparer.

Lucy aurait préféré prendre le plafond sur la tête, sans doute la douleur aurait-elle été moins forte.

— Cela ne change rien à l'amour que nous te portons, continue Florence se voulant rassurante. Tu continueras à nous voir tous les deux, mais séparément. Tu n'auras plus à supporter nos cris et nos querelles…

Lucy sent la colère monter en elle. Elle regarde à la fois son père et sa mère qui lui semblent bien pitoyables.

— Alors, c'est tout ce que vous avez trouvé ? explose-t-elle. Ça ne va plus entre vous, donc vous vous quittez! Pas un peu trop facile? Quand mes résultats scolaires ne sont pas terribles, combien de fois m'avez-vous ordonné de persévérer, de m'appliquer, de ne pas abandonner avant d'avoir réussi? Et vous, qu'en avez-vous fait de ces beaux principes?

Stéphane s'agace des propos de sa fille.

— Ceci est une histoire d'adultes responsables…

— Responsables? reprend Lucy de façon impertinente et prête à mordre.

— De toute façon, intervient Florence, nous avons longuement réfléchi. Et notre choix est le meilleur pour chacun. Fais-nous confiance!

— Je préfère que vous sortiez de ma chambre…

Assez lamentablement, sans un mot doux ou un geste tendre, les futurs ex-époux s'exécutent. À peine la porte refermée, Lucy lance violemment son bouquin qui cogne le mur et atterrit sur le tapis. Elle aurait envie de hurler, mais n'y parvient pas. Elle pleure doucement, se sentant plus seule que jamais.

La rentrée scolaire survient peu après. Heureusement pour elle, Lucy peut compter sur le soutien de ses meilleures amies, Anne et Isa. À peu près à la même période, son père lui annonce qu'il va déménager. Ces derniers jours, c'était bizarre. Chacun faisait comme si de rien n'était alors que, forcément, plus rien ne pouvait être comme avant. À table, on se passait les plats. Le matin, on se disait bonjour, et le soir, bonne nuit. Mécaniquement.

Stéphane a laissé la maison à Lucy et à Florence et, en ce qui le concerne, a pris un appartement.

Dans le même temps, les parents qui s'entendent beaucoup mieux depuis qu'ils ne vivent plus sous le même toit, ont réparti les jours que Lucy passerait avec l'un et avec l'autre. Le plus clair de son temps, Lucy sera avec sa maman. Idem pour Noël. Mais, le jour de l'An, son papa viendra la chercher.

Lucy se remémore son dernier Noël « normal ». Ses parents ne se disputaient pas encore. La belle ambiance autour du sapin et de la crèche, les cadeaux, le repas et le temps qui donne l'impression de s'arrêter sur des minutes de vrai bonheur…

Une larme coule sur la joue de Lucy. Pourquoi les deux êtres qu'elle chérit le plus lui causent-ils tant de peine ? C'était tellement mieux avant !

Le dernier jour d'école, en quittant ses copines, Lucy a le cœur lourd. Elle voit venir les vacances avec une grande appréhension. Pour la première fois de sa vie, Noël a changé de signification. Voici encore un an, il était synonyme de bonheur. Hélas, il n'en sera plus jamais de même.

Florence a bien promis à Lucy qu'elle pourrait inviter des amies à la maison, mais cela n'a même pas fait sourire l'intéressée.

Car, sans le savoir, sa mère venait de toucher un sujet sensible. Auparavant, les filles de son école adoraient venir chez elle. Florence faisait des gaufres, et Stéphane leur racontait ses meilleures blagues. Maintenant son père n'était plus là et sa mère avait tout le temps l'air fatigué. Elle avait rarement le temps de mitonner des petits plats.

Lucy se contente donc de répondre :

— Jo et Dani m'ont conviée chez elles… Anne et Isa aussi.

Lucy s'enferme dans sa chambre. Elle écoute souvent sa chanson préférée : «Lucy in the Sky with Diamonds» des Beatles. Elle aime s'installer à son bureau, prendre une feuille de papier et un stylo. Elle couche régulièrement ses états d'âme sur une page blanche. Ce jour-là, elle a ces mots :

« L'homme n'est plus heureux sur Terre. Mais c'est de sa faute. Il arrive, se fabrique des problèmes, puis veut partir et échapper à tous les soucis dont il est responsable. Il fuit sous prétexte qu'il n'est plus heureux. Moi aussi, j'ai envie de m'échapper. Si des gens vont sur la lune, pourquoi pas moi ? Alors je le promets, moi, Lucy Miquel, un jour je m'en irai, comme tous les autres êtres humains. J'irai là où la misère n'existe plus, là où les larmes deviennent sourire, là où l'obscurité se transforme en lumière et là où les disputes finissent en éclats de rire. Et si cet endroit n'existe pas, je le créerai. »

Elle relit ses dernières phrases, puis range sa prose dans un tiroir. Juste quand sa mère crie :

— Lucy ? Dîner !

— J'arrive.

Lucy sait que sa mère cherche une nouvelle âme sœur et que, le soir, parfois, elle sort dans ce but-là, avec des copines qui, comme elles, sont célibataires.

Un soir qu'elle se retrouve seule, Lucy cherche un livre dans sa bibliothèque. Elle déplace quelques encyclopédies, tousse un peu à cause de la poussière soulevée. Et là, elle voit un album photo. Elle l'a commencé il y a deux ans, elle y avait travaillé pendant quelques semaines puis avait abandonné. Elle hésita un moment à le prendre. Ce volume renferme des tas de photos de sa famille, mais surtout d'elle et de ses parents réunis.

Lucy observe les nombreux clichés d'elle pris après sa naissance, tantôt dans les bras de sa mère, de son père, de ses grands-parents. Elle tourne les pages qui retracent une grande partie de son existence. Avant d'arriver à la fin, elle pleure abondamment. Puis se jure que ce Noël de 1969 ne sera pas la catastrophe qu'elle redoute tant !

Le 24 décembre, la jeune fille se lève tôt. Elle enfile rapidement une robe, met ses chaussures, s'empare de son sac, passe sur la pointe des pieds devant la chambre de sa mère qui dort encore. Elle ferme discrètement la porte et s'engage dans la rue encore déserte. Et c'est comme ça qu'en cette veille de Noël, elle court dans la ville à en perdre haleine.

Elle marche longtemps, très longtemps, demande régulièrement son chemin, s'arrête, a envie de hurler parce qu'elle se sent paumée. Puis repart car Lucy veut gagner son pari.

Enfin la voilà au 31 de la rue des Belles Vagues. Elle sonne, son père apparaît, livide.

— Lucy, où étais-tu ? Ta mère et moi sommes morts d'inquiétude.

Pour seule réponse, Lucy fond en larmes dans les bras de son papa et parvient à dire :

— Je suis trop malheureuse…

Un peu plus tard, elle explique.

— Faut pas me gâcher Noël ! Je ne veux qu'un cadeau : toi, maman et moi ensemble comme avant…

Le père ne peut cacher son émotion. Il téléphone à sa future ex-femme.

— Lucy est chez moi, tout va bien. Nous arrivons.

À la maison, la maman entend le même désir exprimé par sa fille et se sent embarrassée. Elle demande au papa :

— Tu as prévu quelque chose pour ce soir ?

— Rien de spécial, non…

— Alors, reste avec nous, papa ! Je t'en supplie…

Les adultes échangent un bref regard puis Stéphane sourit :

— C'est d'accord !

Lucy est folle de joie ; elle promet qu'elle va aider sa mère à préparer le réveillon. Et tant pis si on doit partager le repas pour deux en trois !

Lucy a l'impression d'avoir été transportée sur une autre planète, celle où elle vivait il y a encore quelques mois. Car son père et sa mère ont vraiment l'air de s'amuser. Ils plaisantent, rient, parlent à Lucy avec tendresse. Le miracle s'est réalisé.

Vers 1 h 30, Lucy tombe de fatigue, elle fait la bise à son papa et à sa maman, et sent quand même un pincement au cœur. Elle réalise que le rêve s'achève et que, demain, son père sera rentré dans son appartement. Mais, en s'endormant, elle ne pense qu'au bonheur d'un Noël réussi.

Vers 10 heures, quand elle se réveille, Lucy entend la voix de son papa.

Elle descend dans la salle à manger et y trouve effectivement ses parents. Elle les embrasse.

— Papa, qu'est-ce que tu fais là ? interroge-t-elle.

Assis dans le canapé, le père et la mère l'attirent vers eux.

— Cette nuit, ta maman et moi avons beaucoup discuté. Ce que tu as fait hier a constitué pour nous un véritable électrochoc. Et nous nous sommes dit qu'il était grand temps de nous donner une chance d'être à nouveau heureux à trois…

Lucy en fut bouleversée. Et retint que, finalement, quand on voulait quelque chose très, très fort, on pouvait l'obtenir…

La vengeance est un plat qui peut se manger froid et même remplacer la bûche

Deux ans séparent Céline et Alice Bachelier nées à Bordeaux de parents commerçants. En 1988, elles ont respectivement vingt et vingt-deux ans. La plus jeune suit des études de Lettres tandis que l'aînée travaille comme assistante de direction dans une société informatique.

Ni Céline, ni Alice ne vivent chez le père et la mère Bachelier, tenanciers d'une épicerie de quartier. Chacune loue un appartement. Dans le cas de Céline, c'est plutôt un studio dont il s'agit car elle en paye le loyer en travaillant durant le week-end et les vacances. Le plus souvent, elle est caissière dans une grande surface où les patrons apprécient son sérieux et sa bonne humeur. D'ailleurs, quand Céline reste trois ou quatre semaines pendant les vacances, elle finit par avoir ses clients fidèles qui choisissent sa caisse plutôt qu'une autre parce qu'ils savent qu'ils seront reçus avec le sourire et un mot gentil. La ravissante jeune femme, blonde aux yeux bleus, se rend compte que son physique avantageux n'est pas étranger aux files qu'elle constate parfois du haut de son siège de travail pas confortable pour deux sous.

Physiquement, Alice ressemble un peu à Céline mais les traits de son visage sont plus durs et, naturellement, elle sourit moins que sa sœur. De caractère, les demoiselles Bachelier sont différentes. Vive, enjouée, éternelle optimiste, Céline a parfois du mal à remonter le moral d'Alice perdue dans des pensées, sinon noires au moins grises et que beaucoup de choses stressent, à commencer par ses responsabilités professionnelles. Perfectionniste, Alice n'affiche jamais une totale satisfaction face à la tâche pourtant très correctement accomplie.

Au printemps de 1988, Alice va plutôt bien. Elle a rencontré Léo, un employé municipal de son âge, qui sort beaucoup et qui adore s'amuser. Ce garçon fait visiblement du bien à Alice. Le soir, celle-ci se retrouve moins entre son chat et son téléviseur.

La miss qui, jusqu'alors, arborait souvent des tenues de couleurs sombres, enfile des vêtements plus clairs, plus joyeux, à l'image de son humeur.

Céline se réjouit de cet heureux changement. Elle pense même que l'irruption de Léo dans la vie de sa sœur constitue une bénédiction.

Il arrive d'ailleurs que le couple retrouve Céline dans un bistrot ou qu'ensemble, ils aillent faire un tour dans une discothèque. Léo se montre ravi de cette bonne entente. Il dit à Céline :

— Tu es ma belle-sœur préférée !

Mais, renseignement pris, Céline est également la seule !

Au mois de juillet, Léo s'arrange à diverses reprises pour se trouver à la caisse attribuée à Céline et qui, évidemment, n'est pas la même tous les jours. Un jour, il passe vers 20 h 30 et lui dit :

— Je t'attends à la sortie, il faut que je te parle.

Un peu plus tard, devant un soda, Céline écoute Léo :

— Ta sœur et moi sommes en froid. Hier soir, je suis parti de chez elle en claquant la porte. Elle n'a pas cessé de me parler de son patron qui lui pompe l'air. J'ai beau être patient, au bout d'une heure de jérémiades, je lui ai dit que cela devait être communicatif et qu'elle me pompait l'air aussi…

— Si ce n'est que ça, ce sera vite oublié, relativise Céline.

— Elle l'a mal pris, m'a répondu que je ne pensais qu'à mes petits plaisirs et que j'étais incapable de l'écouter et de l'aider lorsqu'elle avait des problèmes. Ce qui est évidemment faux puisque je venais de perdre une heure à me farcir toutes les conneries que lui fait subir son patron!

— Et alors?

— Je me suis énervé et je lui ai dit que c'était elle la plus égoïste. Et je me suis barré!

Céline lève les yeux au ciel.

— Querelle d'amoureux sans importance!

— En tout cas, moi, je ne suis pas près de l'appeler.

— Pour l'égoïsme, je ne me prononcerai pas, le taquine Céline, mais pour la rancune, tu mènes 1 à 0. Car je connais ma sœur, elle ne t'en voudra pas longtemps.

— Alice n'est pas franchement marrante…

— Même les plus drôles ne sont pas marrants tout le temps…

Voulant couper court à une liste de récriminations ne lui plaisant pas, Céline hèle le serveur, règle les consommations, se lève, claque deux bises sur les joues de Léo en mentant:

— Faut que je file, on m'attend.

Rentrée chez elle, elle téléphone à Alice qui lui raconte à peu près la même chose à une différence près:

— Je n'ai jamais monologué une heure. De toute façon, bavard comme il l'est, il ne l'aurait pas supporté. Cela a dû durer dix minutes, grand maximum. Mais c'en est déjà trop pour un type ne s'intéressant qu'à lui.

Céline joue l'apaisement.

— Pas bien grave tout ça !

— Dans l'absolu, non. Mais ce n'est pas la première fois qu'il prend la mouche quand je lui parle de mes angoisses. Superficiel : voilà l'adjectif qui le résume le mieux. Et moi, je ne conçois pas l'existence comme une suite ininterrompue de rigolades à deux balles.

— Tu n'es pas un peu dure, là ?

— Défends-le tant que tu y es ! D'ailleurs, dans la dispute, il a osé me dire que je devrais être comme toi et ne pas me prendre la tête toutes les cinq minutes !

— Quand on s'engueule, les mots vont trop vite et deviennent souvent excessifs. Dors sur tout ça, tu y verras plus clair demain.

Mais le lendemain, Alice et Léo ne se parlent pas. Le surlendemain, pas davantage. Le troisième jour, le garçon se présente à la caisse de Céline.

— Ça ne s'arrangera pas. Je vais rompre.

En enregistrant les deux boîtes de conserve et le pain que Léo a achetés, Céline se montre catégorique.

— Tu dois avoir une explication avec elle. On n'envoie pas balader quelqu'un de cette manière. Et surtout pas ma sœur !

Le ton employé n'engage pas à la discussion.

Léo et Alice se donnent rendez-vous sans grand enthousiasme. Et, rapidement, se rendent compte qu'ils n'avaient pas envie de cette conversation ne menant nulle part. En se quittant, ils réalisent qu'ils n'ont partagé qu'un immense agacement et peut-être un peu de rancœur aussi.

Céline juge la situation regrettable mais ne s'en mêle plus. Les jours précédents, elle a conseillé à sa sœur :

— Mets de l'eau dans ton vin, sois moins catégorique. Tu sais bien que tes attitudes rigides t'ont déjà joué de mauvais tours.

Et, à cet instant-là, Alice a vu rouge.

— Ras-le-bol de ta condescendance et de tes préceptes à la con ! Tu n'es pas ma psy.

— Dommage, parce qu'avec une cliente comme toi, vu l'immense boulot que tu représentes, je ferais fortune !

— Petite sotte ! Madame croit avoir tout compris du haut de ses vingt ans ?

— Une chose en tout cas : que tu soûles la terre entière avec tes états d'âme !

Et a brutalement raccroché. Céline a composé le numéro une heure plus tard, est tombée sur le répondeur où elle a laissé un message.

— Je suis désolée. Je n'aurais pas dû m'emporter. Rappelle-moi. Bisous.

Mais Alice ne s'est plus manifestée. Connaissant mieux que personne le mode d'emploi de la sœurette, Céline a laissé venir. Et c'est Léo qui est venu !

Même technique d'approche : le supermarché et quatre emplettes traduisant à la fois le peu d'inspiration culinaire et l'absence de préoccupation d'ordre diététique d'un célibataire : des raviolis, une baguette, une bouteille de vin rouge et une boîte de gaufres au chocolat.

— Tu accepterais de m'écouter ?

Léo a l'air d'un chien battu s'apprêtant à se prendre une nouvelle raclée. Céline rit :

— Toute la misère du monde semble s'être abattue sur ta pauvre tête…

— On ne peut rien te cacher…

— Et tu comptes réagir en enfournant des pâtes pleines de sauce, des sucreries, le tout arrosé de cette piquette ?

Puis baissant le ton pour que personne d'autre que Léo ne l'entende, elle constate :

— Pour ta santé, il aurait mieux valu que tes problèmes te coupent l'appétit !

Une bonne heure plus tard, Léo avait renoncé à ses projets de dîner solitaire. À cela, une simple raison : Céline mourait de faim après son boulot et lui avait proposé d'avaler une salade.

Le discours que lui tient Léo ne la surprend pas : il l'a toujours trouvée attirante et, au fil des mois, franchement irrésistible. Depuis quinze jours, il pense à elle quasiment nuit et jour et voudrait savoir si, par hasard, ces sentiments ont une chance d'être réciproques. Des propos emballés assez joliment qui séduisent la jeune femme.

— Pas impossible, minaude-t-elle. La question vaut la peine que j'y réfléchisse…

Céline fait languir Léo trois jours. Certes, le garçon ne la laisse pas insensible. Elle s'est toujours bien amusée en sa compagnie et, côté cœur, elle n'a pas connu d'aventure depuis une bonne année. Mais, bien sûr, il y a Alice. Qui ne manquera pas de lui faire subir sa colère dès qu'elle apprendra la liaison. Céline hésite-t-elle vraiment ?

Sans doute éprouve-t-elle un certain embarras mais deux éléments entrent en ligne de compte dans son raisonnement. Primo, sa sœur a choisi de bouder, ce qu'elle n'apprécie pas car, elle, Céline, a tout de suite tenté de clore l'incident qui les a séparées. Secundo : elle croit bien être amoureuse de ce Léo, grand gamin pas très sage mais tellement divertissant !

Alors, elle s'embarque avec lui dans une aventure à laquelle elle prend goût. Et, forcément, Alice découvre le pot aux roses. Plus gênant : elle apprend la nouvelle par une copine qui a surpris les tourtereaux s'embrassant d'une façon ne laissant aucune équivoque sur la nature de leur relation.

Céline a droit, sur répondeur, à un discours d'une violence inouïe. La rage étant mauvaise conseillère, Alice va jusqu'à la traiter de « vraie salope », de « Judas en minijupe » et de « sœur comme on n'en souhaite qu'à sa pire ennemie ».

Céline avait beau s'attendre à une réaction musclée, elle ne l'imaginait pas dans des termes qui la blessent. Léo la console comme il le peut, mais la cadette des Bachelier accuse le coup. Elle a repris ses études et se montre parfois moins disponible pour Léo. Qui le supporte difficilement. À ses yeux, le soir, on fait la fête, « sinon la vie ne vaut pas la peine d'être vécue »...

Une philosophie qui pouvait faire sourire Céline pendant l'été mais que, durant l'automne, elle commence à trouver un rien ridicule. Et, un soir de novembre, par le plus grand des hasards, sortant du théâtre avec des camarades de cours, elle aperçoit dans un bistrot situé en face, Léo enlaçant une jolie rousse avec qui il éclate de rire ! La fête, toujours la fête... Dans l'immédiat, c'est la sienne que Céline va lui faire. Elle laisse ses copains, traverse la place et déboule dans l'établissement où, d'emblée, Léo la remarque en essayant tant bien que mal de se dégager de la fille qui, elle, ne comprend évidemment pas pourquoi son cavalier interrompt aussi brutalement une séance de câlins qui, visiblement, semblait prometteuse. Léo n'a pas le loisir de le lui expliquer. Céline attaque bille en tête.

— Je vois que le divertissement bat son plein, ici !

Léo n'en mène pas large.

— Euh... Non... Pas vraiment... C'est juste...

— Un début ? Je vois ça. Et une fin, aussi. Forcément. Dans les deux cas, ça s'arrose !

Et, en un quart de seconde, elle attrape le verre de bière, bien rempli, se trouvant devant Léo et lui en jette le contenu à la figure !

La rousse fait :

— Oh !

Et, en tournant les talons, Céline réplique :

— Je vois que mademoiselle a du vocabulaire ! Je vous souhaite bien du plaisir !

À l'approche des fêtes de fin d'année, Alice sonne à la porte de Céline. Elles tombent dans les bras l'une de l'autre.

— On ne pouvait attendre Noël pour se réconcilier, dit l'aînée.

Elles parlent pendant des heures, se reprochent cette trop longue brouille, jurent que plus personne, et surtout pas un type stupide, ne pourra les séparer. Mais, dans le même temps, s'aperçoivent qu'elles en veulent toujours à Léo.

Dans les jours qui suivent, elles apprennent que le même Léo projette de réveillonner en tête à tête avec sa dulcinée chez lui. L'idée de perturber ce tableau idyllique fait son chemin dans l'esprit un brin diabolique des sœurs Bachelier. Pourquoi pas une nouvelle séance d'arrosage, mais dispensée cette fois par les demoiselles déguisées en Père Noël ? A priori, le plan paraît idiot, pourtant, très vite, il excite Alice et Céline qui, en tout début de soirée, frappent à la porte de Léo. Une fois, deux fois, trois fois, pas de réponse.

— Le salopard, il aura décidé d'aller au restaurant !

— Ou chez la poulette.

— Comme ça, il n'aura pas dû cuisiner.

— Il se fera servir.

— Grosse feignasse !

Puis :

— Tu ne sens pas une odeur bizarre.

— Oui, maintenant que tu le dis…

— C'est le gaz. Ça passe par en dessous de sa porte.

— Faut peut-être faire quelque chose…

— Enfoncer la porte ? On y parviendrait à nous deux ?

— Même pas en rêve ! Peut-être que le grand costaud d'en face est chez lui…

Plus de doute possible : il y a bien du gaz qui se dégage de l'appartement de Léo. David, le voisin, n'hésite pas. Il a les outils nécessaires pour faire sauter la serrure. L'odeur de gaz est maintenant très forte. Dans la cuisine, Léo est étendu sur le sol, sans connaissance. David s'occupe de la fuite tandis que Céline téléphone à une ambulance. Lorsque les secouristes sortent de l'immeuble emportant Léo sur une civière et suivis par deux jeunes femmes toujours déguisées en Père Noël (même si elles ont viré la barbe), ils croisent une jolie rousse éberluée qui demande :

— Qu'est-ce qui se passe ici?

Alice répond:

— Le spectacle est annulé, faut rentrer chez vous.

N'ayant pas le sens de la réplique, la fille reste là, franchement gourde, avec une bouteille de vin sous le bras.

L'ambulance démarre avec à son bord, le patient et les sœurs Bachelier. Pour un réveillon inattendu, c'est pleinement réussi.

Placé en soins intensifs, Léo revient à lui. Et, quelques heures plus tard, se trouve en mesure d'expliquer ce qui est arrivé. Sa cuisinière au gaz manifestant des signes de faiblesse, Léo a cru la réparer facilement… sans réaliser qu'il amplifiait la fuite qui s'était déclarée. Ne voulant pas accorder d'importance à ce qu'il considérait comme un détail, il a légèrement ouvert une fenêtre et a continué à préparer le repas jusqu'au moment où il a été pris d'un malaise. Et puis… Il ne se souvient plus de rien. La suite, le médecin le lui a racontée. Quand il s'est senti mieux, il a reçu dans sa chambre Alice et Céline qui lui ont tout avoué. Léo a souri, a eu l'air ému et a murmuré:

— Merci. Je vois dois sans doute d'être encore de ce monde.

Quelques secondes ont passé. Les sœurs, qui arboraient toujours une partie de leur costume de Père Noël, ont échangé quelques banalités que Léo a interrompues.

— Vous m'en voulez encore du mal que je vous ai fait?

Alice a été la première à répondre.

— Non, mais on t'en veut de nous avoir fait aussi peur.

— Elle a raison, a enchaîné Céline. On râlait: on a cru que tu étais mort et qu'on ne pourrait donc plus se venger!

— Je vais demander à rester ici, au moins suis-je en sécurité, a poursuivi Léo dans le même registre.

— C'est ce que tu crois ! a lancé Alice.

— On va brutalement tirer sur tous les fils et tu verras si tu auras toujours bonne mine ! a achevé Céline en riant.

— Arrêtons de le torturer ! a proposé Alice.

— Tu as raison, attendons au moins qu'il ait récupéré totalement pour continuer…

— Fini de déconner, les filles ! On a vraiment fait la paix ? a questionné Léo toujours un peu inquiet.

Comment aurait-il pu en être autrement une nuit de Noël ? Dans la foulée, les sœurs Bachelier ont promis au miraculé de passer une soirée avec lui – mais sans la rousse, la grâce de la Nativité ayant visiblement des limites – dès sa sortie de l'hôpital.

Entre elles et lui, désormais, il n'y avait plus d'eau dans le gaz…

Un meuble qui tombe, ça peut changer un homme, surtout lorsque c'est sur lui…

Jason Bryson se montre bougon.

— Vous avez vu l'heure ? Dans trente-cinq minutes, je m'en vais.

— Justement : il vous reste trente-cinq minutes pour aller me chercher le dossier que vous avez classé aux archives avant-hier.

Comme c'est son chef qui le lui a demandé, Jason n'a pas le choix : il lui faut obéir. Et, effectivement, en un quart d'heure maximum, la tâche sera facilement exécutée. Alors, pourquoi a-t-il fallu que Jason se fasse remarquer par sa mauvaise humeur ? Simplement parce qu'il ne peut s'en empêcher. Jason Bryson, quarante-six ans, employé dans une administration de Chicago, est considéré comme un bon élément. Reste que dans à peu près tous les rapports le concernant, figure une notice du genre : « Seul son côté souvent maussade et négatif est à déplorer. »

À Jason, inutile de poser la question rituelle et banale :

— Comment ça va ?

Car, en définitive, ça ne va jamais ! Ceux qui le connaissent bien ne s'y risquent plus et ceux qui ne le côtoient pas souvent n'ont de toute façon droit qu'à un grognement ne signifiant ni oui, ni non, mais plutôt : « Foutez-moi la paix ! »

Pourtant, lorsqu'on le branche sur l'une de ses passions, Jason peut se montrer très disert et même enthousiaste. À condition, bien sûr, de ne pas trop le contrarier. Il en est ainsi à propos de cinéma, un domaine qu'il maîtrise plutôt bien. D'ailleurs, chez lui, il possède une collection impressionnante de films et de livres sur ce qu'il appelle l'âge d'or du septième art américain. Son idole absolue : Marilyn Monroe.

— La star des stars ! Aujourd'hui encore, personne n'arrive à sa cheville ; toutes ces filles qui pensent lui ressembler ne sont que ridicules. Elles se croient obligées de se dénuder pour attirer l'attention. Quelle vulgarité ! Marilyn, elle, par une pose, une tenue, un regard, suggérait. Mais plus sexy qu'elle, on ne fera jamais !

Dans son appartement, trônaient en bonne place trois photos de la belle artistiquement encadrées. On pouvait reprocher certains traits de caractère à Jason, mais pas son goût pour les jolies choses.

À ses yeux, donc, personne ne pouvait détrôner Marilyn. Pourtant, il pouvait admettre que d'autres femmes possédaient une classe folle et un charme redoutable. Dans le désordre, il citait par exemple Liz Taylor, Kim Novak, Lana Turner, Jane Russell, auxquelles il pouvait ajouter l'une ou l'autre Européenne comme Brigitte Bardot, Sophia Loren ou Gina Lollobrigida.

Célibataire endurci, Jason Bryson passe le plus clair de ses soirées devant son téléviseur à regarder sur magnétoscope les films d'autrefois, à moins qu'une chaîne ait la bonne idée de programmer des longs-métrages anciens.

— Franchement, a-t-il coutume de dire, à partir des années 80, le cinéma a commencé à se laisser aller à une facilité condamnable. Il a abusé des effets spéciaux et d'une technologie de plus en plus sophistiquée et en a profité pour appauvrir les scénarios, bâcler les dialogues et engager comme acteurs des gens souvent laids. Moi, les gens laids, j'en croise tous les jours dans la rue et ils ne me font pas rêver.

Et quand on ose lui faire remarquer que le public pourrait peut-être s'identifier à des acteurs au physique parfois ingrat ou banal, il sort de ses gonds.

— Les gens payent pour en voir d'autres qui leur ressemblent ? Si c'est vrai, l'Amérique est tombée sur la tête. Moi, gamin, j'économisais pour aller contempler John Wayne sur grand écran. Parce qu'un type comme ça, il m'embarquait avec lui dans ses aventures et me faisait échapper à la grisaille du quotidien. Et des types comme John Wayne, je n'en croisais jamais à l'école ou au supermarché du coin. Et pour cause : John Wayne était unique. Voilà ce qui manque au cinéma de 1989 : des monstres sacrés !

Il était inutile d'en rajouter. Pour défendre un point de vue qui, à ses yeux, tenait de l'évidence, Bryson ne manquait jamais d'arguments. Et ses collègues plus jeunes, notamment, ne partageant pas son avis, s'étaient déjà fait traiter « d'incultes pour qui le septième art a commencé avec « La guerre des étoiles » ».

À en croire les personnes le connaissant le mieux, sur son lieu de travail ou dans ses relations amicales (il avait tout de même quelques vrais copains, notamment des dingues du cinéma qu'il vénérait), Jason n'avait jamais cohabité avec quelqu'un. Il y avait bien Maggie, une vieille copine, avec qui il dînait de temps à autre, mais il semble bien que cette relation-là ait toujours été platonique. Bryson était un vieux garçon psychorigide, maniaque, égoïste, bref, impossible à vivre !

Enfant unique n'ayant plus ses parents, il devait compter encore l'un ou l'autre cousin dans Boston et les alentours, mais il en avait perdu la trace et ne s'en plaignait pas, ce qui apparemment était réciproque.

Bougon toute l'année, Jason Bryson se montre encore plus renfrogné à l'approche des fêtes de fin d'année qui le hérissent.

— Tous ces crétins qui font la java parce que le calendrier les y oblige, quel cirque !

Néanmoins, ce sont les discours doucereux qui l'horripilent le plus.

— La paix de Noël, la trêve de Noël, les beaux gestes de Noël, l'amour, la tendresse… Mais ils sont tous aveugles ou quoi ! T'as vu le monde dans lequel on survit : un cauchemar !

Car, bien entendu, pour Jason, les États-Unis d'Amérique, et, dans la foulée, la planète entière, courent à leur perte. « Et beaucoup, beaucoup plus vite qu'on ne le pense », précise-t-il se prenant soit pour un politologue averti, soit pour Nostradamus.

Il va de soi que, le 24 décembre, Jason ne célèbre pas Noël qui ne représente rien pour lui sinon « un symbole flagrant d'une société décadente ». Chez lui, on ne trouve évidemment ni crèche, si sapin, ni guirlande.

Le 24 décembre représente un jour comme les autres. Sinon que, en tant que fonctionnaire, Jason doit se plier à un règlement voulant que chacun quitte son bureau plus tôt que d'habitude, c'est-à-dire à 15 heures.

Ce 24 décembre 1989, Jason a décidé de se livrer à un petit déménagement auquel il songe depuis un moment. Il va changer de place un grand meuble contenant une partie de sa collection de cassettes vidéo pour dégager de l'espace où il casera une armoire pleine de livres.

Vers 18 heures, Jason Bryson se met au travail. Afin de gagner du temps – c'est en tout cas ce qu'il croit –, il a choisi de ne pas vider les étagères contenant les films. Ce meuble, en bois massif clair, haut de deux mètres cinquante, est déjà lourd sans le moindre objet posé dessus. Mais avec son mètre quatre-vingt-quatre et ses quatre-vingt-douze kilos, Jason ne songe pas un instant qu'un poids comme celui-là – qu'il n'estime même pas – pourrait lui résister ou représenter un danger pour lui. Il empoigne ce meuble latéralement dans le but de le faire bouger progressivement. Puis il agira de même de l'autre côté. Très vite, Jason se rend compte que la tâche est ardue. Il pousse, tire, gagne péniblement quelques centimètres jusqu'au moment où il fait perdre l'équilibre à cette immense masse de bois qui s'incline vers l'avant et s'écrase sur l'imprudent Jason.

Bryson vit dans un vieil immeuble solidement construit où les cloisons épaisses garantissent une vraie tranquillité à chacun. Mais le bruit que la chute a provoqué est tellement énorme que des voisins ont sursauté et s'interrogent sur son origine.

Le couple MacGrandy, qui vit au même étage que Jason, frappe aux portes en criant :

— Tout va bien chez vous ?

Partout, ils obtiennent rapidement des « oui ». Certaines personnes se joignent aux MacGrandy.

— Il n'y a que de Jason Bryson dont nous n'avons pas de nouvelles. Et ce serait bien étonnant qu'il soit sorti un soir de Noël.

Une vieille dame qui habite en dessous de son appartement est montée d'un étage :

— L'énorme bruit vient de chez lui, j'en suis certaine ; mon plafond a tremblé.

N'obtenant pas un mot de la part de Jason, les MacGrandy prennent l'affaire en main, appellent police et ambulance. Et, en vingt minutes, la porte est enfin ouverte. La situation est jugée dramatique : Jason, écrasé par sa bibliothèque et ses cassettes, ne donne pas signe de vie. Néanmoins, son cœur bat encore. Dirigé vers les soins intensifs, il mobilise l'attention, non seulement du corps médical, mais de six voisins qui ont tenu à l'accompagner et, de loin, à le veiller.

— Pauvre Jason, entend-on. Il est un peu spécial, mais on l'aime bien car, dans le fond, sous des attitudes d'ours mal léché, c'est un brave gars. Il fait partie de notre paysage. On ne peut pas réveillonner gaiement en le sachant dans ce très sale état…

Tard dans la nuit, Jason ouvre un œil, puis un deuxième. Il est très amoché (fractures, commotions, contusions) et il lui faudra de longs mois avant se remettre pleinement de l'accident.

Plus tard, il réalisera que sans la réaction de ses voisins, il serait sans doute mort. Et quand on évoquera la chaîne de solidarité formée le 24 décembre et les jours qui ont suivi, Jason Bryson n'affichera plus de sourire moqueur. Pendant sa convalescence et son immobilité forcée, il révisera même son opinion catégorique sur la race humaine « peu reluisante ». Il admettra également – mais sans doute était-il encore fatigué ce jour-là – qu'on pouvait le considérer comme étant un « miraculé de Noël ». C'est dire à quel point le choc qu'il avait reçu ce 24 décembre 1989 avait été violent…

Comment se faire inviter pour le réveillon dans un restaurant de grand luxe

— Est-ce que tout se passe selon vos désirs ?

Le maître d'hôtel, très stylé, qui vient de poser la question, a droit au sourire de quatre personnes aux anges. Autour d'une des tables rondes d'un très prestigieux restaurant de la ville d'Atlanta, dans l'État de Georgie, les serveurs sont aux petits soins pour la famille Johansson. Il y a là Michaël, le père, quarante ans ; Joan, la mère, trente-six ans ; Pamela, la fille, neuf ans, et Tony, sept ans. Tous sont sur leur 31, même si nous sommes le 24. Le 24 décembre 1999.

Michaël n'a pas lésiné. Il a permis à son épouse et à ses enfants de choisir dans la carte ce qui leur faisait le plus envie. Et comme Joan adore le vin, elle n'a pas hésité à commander un grand cru classé.

Les convives ne tarissent pas d'éloges sur la nourriture qu'ils savourent, et ne cessent d'admirer le décor, plutôt clinquant (surabondance de dorures et de miroirs) de l'établissement où ils sont arrivés voici plus d'une heure en cette soirée de réveillon.

Michaël fait preuve d'une humeur particulièrement charmante. Entre deux plaisanteries qui font rire Pamela et Tony, il glisse un compliment à son épouse, sur sa coiffure, son maquillage, sa robe longue noire (qu'il lui a d'ailleurs offerte pour l'occasion) et jusqu'à son décolleté qu'il trouve, lui chuchote-t-il à l'oreille, « plein de jolies promesses »…

Si Michaël Johansson se montre un convive aussi agréable, c'est qu'il y est obligé. Pas à cause des convenances ou de la tradition de Noël prônant l'harmonie dans les foyers. Non, en ce 24 décembre 1999, Michaël Johansson est contraint d'être sympa, gentil et généreux par le tribunal ! Une histoire hallucinante qui a commencé tout juste un an plus tôt.

Il est 17 heures le 24 décembre 1998 quand Michaël Johansson ferme la porte de sa boutique et propose à ses employés de boire un verre. Horloger-joaillier, Michaël dirige une petite équipe de quatre personnes, deux vendeuses et deux techniciens. L'affaire tourne relativement bien. Bon gestionnaire, Michaël a réussi à maintenir son modeste bateau à flot quand, dans le même quartier, un gros navire (lisez « grande chaîne de magasins ») s'est s'installé proposant des prix plus attractifs mais aussi, et heureusement pour Johansson, un service de qualité inférieure. Il reste que, aux yeux d'une certaine clientèle, seuls les chiffres qu'elle lit sur l'étiquette ont vraiment de l'importance.

Cette année 1998 se termine très bien. Juste avant la fermeture, Michaël Johansson a rapidement fait ses comptes et s'est rendu compte que, avant même le dernier jour de l'année, le mois de décembre est déjà meilleur que celui de l'année précédente.

— Les occasions de se réjouir deviennent rares dans le monde des affaires, lance-t-il à ses collaborateurs. N'en manquons donc pas une ! Je vous offre le champagne. Il a sorti trois bouteilles du frigo, une vendeuse a trouvé des chips dans une armoire et ils ont tous trinqué. La petite équipe s'est éclipsée environ une heure plus tard. À l'exception de Michaël et de Terri, vingt-neuf ans, célibataire et moins pressée que les autres de rentrer chez elle. À deux, ils ont, grosso modo, bu la dernière bouteille…

Lorsqu'ils se sont séparés sur le trottoir, devant l'horlogerie, Terri a éclaté de rire :

— Je ne suis pas sûre de monter dans le bon métro. Je risque de voir deux fois le numéro de la rame et de me tromper. Ou même de tomber à côté !

Michaël a pris la fanfaronnade au sérieux et s'est proposé de reconduire Terri à son domicile.

— M'sieur Michaël, z'êtes vraiment trop chou !

Plus de doute permis : Terri n'est pas légèrement ivre, mais franchement bourrée ! Elle n'appelle jamais son patron « m'sieur Michaël », mais « Michaël », et ne l'apostrophe jamais avec des expressions aussi familières.

Quant à Johansson, sans pouvoir affirmer qu'il est saoul, on ne jurerait évidemment pas qu'il se trouve dans un état tout à fait normal. Certes, il aime bien l'alcool qui aide à le détendre le soir après le boulot. Son organisme a acquis une certaine endurance par rapport à la bière et au vin, ses deux péchés mignons. Et en ce début de soirée du 24 décembre 1998, son habitude de la boisson lui permet de guider efficacement Terri dans les dédales du métro d'Atlanta puis, après ce détour d'une bonne trentaine de minutes, de regagner son appartement où femme et enfants l'attendent pour réveillonner.

Dire que Michaël est accueilli par une farandole alternant les « Merry Christmas » et une série de chants traditionnels serait largement exagéré. Johansson a beau avoir téléphoné à deux reprises afin de prévenir Joan, celle-ci est furieuse et ne peut se retenir de crier la petite phrase tant de fois entendue par les retardataires :

— T'as vu l'heure ?

Michaël grommelle quelques vagues excuses et, maladroitement, met en avant le fait qu'il ait dû raccompagner Terri bien en peine de retrouver son chemin.

— Et, en plus, tu dragues ta vendeuse pendant que ta propre famille poireaute !

Apercevant la tête de ses enfants dans le salon, Michaël réalise qu'il se doit de réagir. Le chef, c'est quand même lui ! Et pas question de laisser ternir sa réputation devant sa progéniture.

— Si je suis en retard, madame, c'est parce que je suis un patron soucieux de faire plaisir à ses employés, ce qui est tout à mon honneur.

— À une employée en particulier !

— Joan, ça suffit ! Je travaille durement toute l'année et je n'ai de comptes à rendre à personne, et surtout pas à toi qui vis plutôt confortablement de mon boulot.

— Tellement facile ! Tu m'as contrainte à renoncer à mon métier pour m'occuper des enfants.

— C'est là que se situe la vraie place d'une femme !

— Tu devrais expliquer cette théorie de macho à ta chère Terri !

De plus en plus énervé, Michaël hausse les épaules.

— Terri est célibataire et n'a pas d'enfants. Si elle restait chez elle, ce serait pour y mourir de faim.

— Tu iras lui porter sa pitance. Sans oublier le champagne!

— Elle a bien mérité de le boire ce soir, en tout cas. Cette petite se donne à fond pour la boutique et preste régulièrement plus que ses heures.

— La belle âme!

— Tu es stupidement jalouse. Si j'avais su, j'aurais organisé un réveillon pour mes employés. Eux, au moins, me sont reconnaissants.

— Réalises-tu les horreurs que tu profères devant moi et, pire encore, devant les petits?

Michaël croise le regard apeuré et inquiet de Pamela et Tony. Alors, il bredouille.

— Vous… Vous n'y êtes pour rien, mes chéris. Papa et maman sont un peu agacés, voilà tout!

— Un peu agacée, moi! Furieuse de ton comportement, oui. Tu nous gâches Noël et ce que tu trouves à dire, c'est que nous sommes un peu agacés! Tu as perdu la tête. D'ailleurs, j'ai tout de suite senti que tu as trop bu. Je ne sais d'ailleurs ce qui te monte le plus à la tête: le champagne ou cette Terri!

— Cette fois, c'en est trop!

Et Michaël, qui n'avait pas pris la peine d'enlever son manteau, a tourné les talons et a claqué la porte. À l'instant même, les enfants ont éclaté en sanglots.

Michaël a tourné dans le quartier, a échoué dans un bistrot où il a avalé deux autres coupes de champagne. Il a même pensé téléphoner à Terri afin de lui proposer d'en partager une. Il a pris son portable, a consulté le répertoire et failli appeler. Un peu plus tard, une autre idée biscornue a traversé un esprit trop embrumé par l'alcool :

— Et si je débarquais chez elle ?

Heureusement, il a renoncé à l'une et l'autre démarche qu'il aurait regrettées une fois redevenu sobre. Terri était certes une jeune femme charmante mais les relations que Michaël entretenait avec elle depuis cinq ans étaient strictement professionnelles. Et, dans un état normal, il s'en satisfaisait pleinement. Que lui avait-il pris ce soir ? Facilement irascible, Johansson avait dépassé les bornes et ne le soupçonnait même pas.

Lorsqu'il se décida à regagner son domicile, Joan, Pamela et Tony étaient couchés. Michaël trouva un mot collé dans l'entrée.

« J'ai mis tes affaires dans le living. Dors dans le canapé ; je t'interdis de mettre un pied dans la chambre. Tu nous as gâché notre réveillon. Tu nous le payeras. »

Une fraction de seconde, Michaël songea à la révolte. Puis s'écroula dans un fauteuil où il s'endormit, juste à côté d'un sapin qui n'avait hélas pas brillé de mille feux.

Le lendemain, l'ambiance fut glaciale. Invité comme chaque année chez sa belle-mère, Michaël y fit profil bas. Pendant qu'il retrouvait sa boutique, Joan mettait le plan qu'elle avait ruminé à exécution. Elle se rendit au tribunal où elle porta plainte contre son époux pour réveillon gâché !

La plainte surprit, forcément, mais après une étude approfondie, elle fut considérée comme parfaitement recevable. Le dossier, forcément pas prioritaire, mit un certain temps à être traité. Mais à la mi-octobre de 1999, l'affaire fut conclue par un juge qui condamna Michaël Johansson à emmener sa famille lors du prochain réveillon dans un restaurant de luxe afin se faire pardonner son inadmissible conduite du 24 décembre 1998. De plus, il écopa d'une amende de 1.000 dollars. Et, dernier point du jugement : début janvier 2000, Johansson devra fournir au tribunal la facture – nominative – du repas en guise de preuve.

Voilà comment et pourquoi Michaël et les siens partagent ce climat idyllique en ce réveillon de Noël 1999 dans un restaurant de richards. En un an, Johansson a eu la possibilité de faire son mea culpa et de comprendre à quel point il avait dérapé. Il a pourtant failli effectuer une sérieuse deuxième sortie de route quand le jugement est tombé. Non pas que la sentence lui semblait injuste. Mais cette affaire était tellement exceptionnelle qu'elle intéressa jusqu'au journal de la chaîne ABC ! Johansson se serait volontiers passé de pareille publicité.

Faisant contre mauvaise fortune bon cœur, Michaël n'aggrava pas son cas et, officiellement en tout cas, se montra heureux de pouvoir se racheter en offrant un aussi beau cadeau aux êtres qu'il chérissait le plus au monde… Il joua très bien au ravi, de la crèche évidemment.

À 76 ans, Anna-Maria n'a peur de rien ni de personne

Il est aux alentours de 11 h 30 et Anna-Maria Vanani n'en finit pas de bâiller. Il faut dire que depuis dix jours, elle se lève à 6 heures et qu'à son âge, soixante-seize ans, elle n'est plus habituée à des horaires pareils. Si Anna-Maria fait sonner son réveil aux aurores, c'est pour accueillir les quatre ouvriers qui refont sa cuisine. Mais voilà : ceux-ci ne se montrent pas d'une grande ponctualité, c'est le moins que l'on puisse écrire. Généralement, ils arrivent à 8 heures. Les deux premières fois, Anna-Maria n'a rien dit. Mais, au troisième retard – car il a été prévu contractuellement qu'ils commencent à travailler à 6h30 –, Mama Vanani a dit à Felice, le chef de l'équipe :

— Nous avions convenu d'un horaire et vous ne le respectez pas.

Felice n'a pas eu l'air ennuyé par la remarque de la dame. Il a vaguement expliqué qu'il devait aller chercher ses camarades à des endroits décentrés et qu'il y avait des embouteillages.

Pieux mensonge : dans les alentours de cette modeste localité de la région de Naples, la circulation est toujours fluide.

Bref, le crédit patience d'Anna-Maria est en train de s'épuiser. Car, en plus, elle constate que Guiseppe et sa bande prennent bien leur temps pour travailler. Ils collectionnent les pauses :

— Il fait chaud, il faut boire. Indispensable pour la santé ! expliquent-ils lorsqu'ils croisent le regard noir de leur employeuse.

Ils n'ont jamais l'air pressé. Et pourtant, il y a urgence. Quand Anna-Maria Vanani a fait appel à eux, c'était dans un but précis : avoir une cuisine toute neuve pour Noël, jour où elle reçoit quatorze personnes.

Depuis la mort de son mari, huit ans plus tôt, Anna-Maria n'a rien changé à la maison qui fut celle d'un long bonheur. Longtemps, elle n'a pas voulu déplacer le moindre meuble, toucher au plus petit des bibelots. Ce décor qu'elle avait partagé avec Baptista durant quarante et un ans ne bougerait plus. Pendant des mois, dès qu'Anna-Maria allait chercher le journal chez le marchand du bout de la rue, elle rentrait et le déposait sur le fauteuil où Baptista le lisait toujours. Puis quand il en avait terminé, il le donnait à son épouse qui parcourait les nouvelles du coin, les avis nécrologiques puis s'attardait à la grille des mots croisés.

Eh bien, son mari disparu, Anna-Maria agissait de même. Après avoir laissé la gazette sur le fauteuil grosso modo une heure trente, elle s'en emparait.

Les premiers mois, elle continuait même à dresser la table pour deux et parlait aux assiettes et aux couverts comme si le défunt débarquait à l'heure des repas… Ses deux fils avaient fini par découvrir ce jeu dangereux et, tendrement, avaient conseillé à leur chère Mama de tourner doucement la page.

Anna-Maria avait appris à cohabiter avec la tristesse et la mélancolie. Mais, pour ses enfants et petits-enfants, elle avait montré de la bonne volonté. Et, donc, durant l'automne 2002, elle a pris une décision qui a sidéré son entourage : non seulement repeindre la cuisine, qui en avait plus que besoin, mais également en changer les meubles, bref, entrer dans l'ère de la modernité car il faut bien admettre que le vieux réchaud à gaz que Baptista avait lui-même installé on ne sait même plus en quelle année semblait appartenir à la préhistoire des appareils ménagers. Bref, c'était à un gros chantier qu'Anna-Maria se préparait en ce mois de décembre. Et, psychologiquement, elle sentait que cette métamorphose allait lui procurer beaucoup de bien. Il y avait quelque chose de symbolique dans ce choix. En fait, Anna-Maria avait opté pour une nouvelle existence : après la cuisine, il y aurait la salle à manger et le salon. Et même la chambre à coucher n'échapperait pas à cette véritable révolution !

Car si Anna-Maria a beau cultiver la nostalgie du joli temps passé en compagnie de Baptista, elle n'a rien d'une femme faible et amoindrie. Sicilienne d'origine, elle en a le caractère bien trempé. Pas du genre à se laisser marcher sur les pieds, elle harcèle les quatre types :

— Bon alors, ça n'a pas l'air d'avancer vraiment !

Le chef, pas stressé pour deux sous, temporise.

— Il y a tellement de détails dans un boulot comme celui-là que vous ne pouvez pas tout voir ! Pas de panique ; on bosse !

Au fil des jours, Anna-Maria se montre de plus en plus convaincue que le quatuor se moque d'elle. D'autant que, régulièrement, il ne s'agit plus que d'un trio. Quand ce n'est pas l'un, c'est l'autre qui est malade. Bizarre tout de même pour de grands gaillards ayant l'air de péter de santé !

L'ambiance, qu'Anna-Maria avait voulue cordiale au début, se dégrade. Elle perçoit de plus en plus souvent des éclats de voix entre les ouvriers. Ils sont de moins en moins souvent d'accord entre eux et les disputes se terminent régulièrement par le même genre de phrase :

— De toute façon, ça, c'est de ta faute !

Lorsqu'Anna-Maria a engagé la bande – sur les recommandations d'une voisine qu'elle voue depuis aux gémonies –, le contrat était clair : il faudrait quatre semaines pour boucler le chantier.

À la fin de la troisième, le responsable demande à parler « tranquillement » à Anna-Maria.

— Voilà, commence-t-il, il faut que vous compreniez que mes camarades et moi mettons tout en œuvre afin de vous satisfaire, mais nous avons rencontré des problèmes tout à fait inattendus.

— De quel genre ? interroge Anna-Maria qui sent la moutarde lui monter au nez.

— Des choses très techniques…

— Auxquelles bien sûr je ne puis rien entendre parce que je suis une vieille qui n'y connaît rien…

— Euh… Oui… Enfin, il y a de ça, effectivement.

— En revanche, ce que je pige très bien c'est que vous êtes quatre fainéants qui pensez pouvoir berner facilement une dame de mon âge !

— Mais… Non… Que me racontez-vous là ?

Le ton est monté. Anna-Maria passe à l'offensive.

— Alors que deviez-vous me dire de si important ?

Felice hésite puis se jette à l'eau.

— Que malgré la meilleure volonté du monde, nous n'aurons pas fini le travail pour le 24 décembre.

— Vous en êtes certain ? demande froidement Anna-Maria.

— J'ai refait mes calculs cent fois, je vous jure ! Ce ne sera pas possible.

Bizarrement, Anna-Maria garde son calme et lance même :

— Je crois que nous allons pouvoir arranger ça.

Le grand gaillard sourit, soulagé.

— Je savais que vous étiez une femme ouverte au dialogue. Mes copains, ils ont dit que vous alliez gueuler et nous insulter… Ah ! Les cons…

— Ne bougez pas, je reviens.

L'autre crie du living à ses copains.

— Y a pas de problème, les gars !

Anna-Maria redescend du grenier. Felice est toujours seul dans la salle à manger. Jetant un coup d'œil sur un cadre rempli de photos, il ne réalise pas tout de suite que la propriétaire est revenue et qu'elle le tient en joue avec un fusil de chasse. Felice sursaute.

— Vous êtes folle !

— Pas le moins du monde. Haut les mains !

Felice s'exécute.

— Restez comme ça et allez dans la cuisine.

Les trois autres sont tellement surpris que, par mimétisme, ils lèvent aussi les mains.

— Je vais vous enfermer dans cette cuisine que vous allez me terminer, et vite encore ! Et le premier qui tente de fuir, je lui tire dans les pattes. C'est le fusil de mon défunt mari qui avait appris à m'en servir, au cas où… Le « cas où » est arrivé… Au boulot, fainéants ! Vous allez vous relayer jour et nuit, mais j'aurai mon repas de Noël dans ma cuisine neuve !

Et après avoir confisqué les téléphones portables, la Mama enferme les lascars à clef.

Ceux-ci se lamentent comme des gosses et supplient. Mais Anna-Maria, qui mijotait son plan depuis un moment, barricade la porte de la cuisine avec un air on ne peut plus satisfait.

Toutes les trente minutes environ, Anna-Maria donne un coup de poing sur la porte et crie :

— Ça bosse là-dedans ?

Le « oui » est de plus en plus affirmatif car les rigolos savent maintenant que « la patronne » ne plaisante pas et qu'ils n'ont pas le choix. Assez curieusement, la première nuit, personne ne vient aux nouvelles chez Anna-Maria : une compagne, une épouse, une mère inquiète qui voudrait récupérer un des gaillards. Mais, à la fin de la deuxième journée de captivité, Felice menace :

— Si vous ne nous laissez pas sortir, on va porter plainte contre vous !

— M'en fous, je vous attaquerai avant pour non-respect de contrat ! Ne perdez pas de temps en bavardages !

Mais, en fin de journée, la femme de Felice vient sonner chez Anna-Maria et découvre le pot aux roses. Forcément, elle est outrée par la situation. D'autant que montant très vite sur ses grands chevaux, la dame se retrouve à son tour avec le fusil de Baptista sous le nez, ou en tout cas pas loin.

La dame prend ses jambes à son cou et court jusqu'à la mairie afin de raconter ce qu'elle a vu. Giuseppe, le maire qui connaît bien Anna-Maria, promet d'intervenir. Ce qu'il fait dans les heures qui suivent.

— Avec moi, tu peux discuter, dit-il à l'intraitable Mama.

Dans le courant de la conversation, le premier magistrat de la commune souligne quand même à Anna-Maria que son comportement est on ne peut plus condamnable et tombant sous le coup de la loi. Loin d'être impressionnée, Anna-Maria réplique du tac au tac :

— Rien à foutre de ta loi ! Moi, je veux ma cuisine prête pour recevoir ma famille à Noël.

Le maire entre dans la pièce en chantier et constate qu'effectivement, les travaux ne se trouvent pas en voie d'achèvement. Il propose la solution miracle :

— J'ai des hommes sûrs sous la main, Anna-Maria. Dès demain, ils peuvent venir en renfort. Mais à la condition que tu libères tes otages.

La Mama n'accepte pas tout de suite.

— J'ai confiance en toi Giuseppe, mais les fainéants, on en fait quoi ?

— On les garde, ils seront utiles.

— Ce sera bien la première fois depuis plus trois semaines, raille-t-elle.

— Alors, tu es d'accord ?

— Faisons ça…

Le 25 décembre 2002 à midi, Anna-Maria mettait la dernière main à son déjeuner de Noël et accueillait ses proches. Il y avait encore une finition ou l'autre à apporter à sa cuisine, mais cela ne se voyait pas. Anna-Maria était passée à deux doigts d'un gros échec. Elle récompensa les copains du maire. Et décréta qu'elle ne payera que le quart de la facture du quatuor d'endormis. Ceux-ci auraient pu contester une décision prise de façon totalement unilatérale et sans la moindre concertation. D'autant qu'en réalité, ils avaient effectué une bonne moitié du boulot. Mais Felice n'opposa pas la moindre objection. Quand il fit part du manque à gagner à ses camarades, il ajouta :

— On la ferme et on se casse ! Moi, je ne veux plus jamais avoir affaire à cette vieille dingue. Cette fois-ci, on a eu du bol. Mais, imaginez qu'on revienne et qu'elle s'énerve encore un peu plus avec son fusil ; on repartirait en pièces détachées…

Vingt-trois minutes de retard

15 décembre 1980, 5 h 40 à New York. Lee Winston, vingt-deux ans, n'a pas entendu le réveil et c'est bien la première fois que cela lui arrive depuis qu'il a terminé ses études. Lee n'a pourtant pas fait la java la veille, ni même bu un coup de trop avec un copain. Il y a simplement le fait que ce mois de décembre lui semble particulièrement froid et fatigant.

Winston devrait être parti de chez lui depuis vingt minutes.

Au lieu de pointer le bout de son nez à 7h30 comme il le fait chaque matin au siège central de la banque qui l'emploie, il pousse la lourde porte d'entrée à 7h53. À côté de lui, un homme passe et s'arrête. Il mesure environ 1,80 mètre, a les cheveux bruns émaillés de mèches grisonnantes et doit avoir une petite cinquantaine d'années. Il porte un blouson de cuir brun sur un pantalon noir et fixe Lee d'un regard étrange. Au moment où le retardataire s'apprête à se diriger vers les ascenseurs, l'inconnu lui saisit le bras.

— Bonjour, désolé de vous déranger, mais j'ai l'impression que votre visage ne m'est pas étranger…

— C'est possible, rétorque Lee en jetant un coup d'œil inquiet à l'horloge. Je travaille depuis deux ans au septième étage, mais je n'ai pas de contact direct avec les clients. Peut-être nous sommes-nous déjà croisés…

— Ici ? Non, je ne pense pas. Moi, j'ai été embauché au service entretien il y a dix mois. Je peux vous demander votre nom ?

— Winston. Lee Winston. On se reverra sans doute un jour, mais, là, il faut que je file, j'ai un chef qui ne plaisante pas avec les horaires et, aujourd'hui, je prends des risques…

En pressant le pas, Lee n'a pas vu que l'inconnu a pâli et que, subitement, il a même dû s'asseoir sur un banc.

Pendant la journée, Winston se concentre sur son boulot et, de temps à autre, pense à la collègue qu'il doit retrouver à la sortie pour aller au cinéma.

De son côté, le quinquagénaire basé au sous-sol ne parvient pas à se concentrer sur les tâches qui lui incombent. Il est véritablement obsédé par ce garçon entrevu le matin même. À tel point qu'il se renseigne discrètement afin de savoir à quelle heure ce Lee Winston s'en va. Son plan : le guetter, l'inviter à prendre un verre et lui parler. Quand la providence s'en mêle de cette façon-là, se dit-il, il ne faut pas hésiter un seul instant.

Le mystérieux individu se cache et, lorsque Lee marche vers la sortie, il s'approche. Winston noue son écharpe. L'autre va l'accoster quand il entend une voix crier :

— Lee, je suis là !

Une ravissante brune vient de débouler d'un couloir. Lee se tourne vers elle, lui tend les bras, lui fait la bise et sort du bâtiment.

À cinq mètres, l'homme au blouson brun et au pantalon noir ressent un pincement au cœur ; son projet a échoué.

Le lendemain matin en arrivant – à l'heure cette fois – à son bureau, Lee trouve une lettre dans son casier.

« Nous avons échangé quelques mots hier, à l'entrée. Est-ce qu'on pourrait se voir un peu plus longuement ? Fixez vous-même la date, l'heure et le lieu. Merci d'avance. »

Et c'est simplement signé « Bob ». Sur le moment, Lee trouve cette invitation sympa et se promet d'y répondre. Mais, depuis hier soir, il a en tête une autre personne travaillant dans le même établissement à dix mètres de lui. Elle se prénomme Laura. C'est en sa compagnie qu'il est allé voir un film. Pas terrible d'ailleurs. En revanche, le flirt qui a commencé durant les longueurs du scénario et qui s'est prolongé dans un bar plutôt intime a donné à Lee le tonus qui lui manquait tant en ce mois de décembre trop gris.

Et l'emballement étant réciproque, Lee et Laura ont hâte de se retrouver dès que le boulot sera terminé. Cette fois, plus de cinéma au programme mais un restaurant italien sympa.

Trois jours plus tard, Lee avoue à Emma, sa maman chez qui il habite :

— Le travail, ce n'est pas toujours marrant, certes. Mais on oublie trop souvent de dire qu'en plus d'y gagner sa vie, on peut aussi y éprouver le coup de foudre ! Si ça se savait davantage, je crois que beaucoup plus de gens auraient envie de bosser !

Emma, quarante-huit ans, a déjà vu le fiston s'emballer pour une fille. Alors, elle sourit et le taquine.

— As-tu l'impression d'avoir reçu un coup ou est-ce plutôt la foudre qui s'est abattue sur toi ?

— Eh bien, je n'en sais rien car ce que je ressens là, c'est vraiment de l'inédit ! Laura a tout pour plaire.

— Rien que ça ?

— Elle est sublime.

— Un peu moins que moi, quand même ? se moque la mère, par ailleurs très belle.

— Évidemment ! Mais à peine moins ! s'amuse Lee qui a toujours été très complice avec Emma.

— Je ne peux plus attendre. Présente-la-moi dès demain soir !

— Nous devons tester un nouveau japonais.

— Ça tombe bien : demain soir, j'aurai faim…

Parce que Lee, son fils unique, représente toute sa vie, Emma, secrétaire de direction dans une agence publicitaire, a toujours manifesté la plus grande indulgence à l'égard de ses conquêtes féminines. À une exception près. Lorsqu'il avait dix-huit ans, Lee était tombé dans les griffes d'une mégère de vingt-quatre qui lui bouffait sa liberté, dirigeait sa vie et le détournait autant de sa mère que de ses copains. Emma était intervenue fermement. Après une grosse bouderie, Lee avait réfléchi et remercié sa mère d'avoir agi de cette manière. D'ailleurs, depuis cette mésaventure, Winston se montre plus prudent. Il reste que, très sensible au charme féminin, il peut tomber amoureux assez facilement…

Emma trouve Laura réellement charmante. L'entrée n'a pas encore été servie qu'elle se rend compte qu'effectivement, cette demoiselle possède bien des atouts pour plaire : belle, sensée, spirituelle…

Elle a vingt ans, suit des cours d'architecture le soir et espère un jour bifurquer vers ce domaine qui la passionne. Lee, lui, manifeste une grande ambition dans la banque et a déjà montré à ses supérieurs de quoi il est capable. Bosser beaucoup ne lui fait pas peur, au contraire. Étudiant, déjà, il a appris des tas de jobs afin de récolter un peu d'argent et a toujours considéré qu'aucun métier n'était sot.

Le courant passe très bien dans le trio qui savoure de délicieux sushis quand Emma aperçoit un homme devant le restaurant. Son regard croise le sien et, immédiatement, elle s'arrête de manger.

— Ça ne va pas, maman ? C'est mauvais ?

— Non… Non… C'est très bon, je viens de te le dire.

— Alors, que se passe-t-il ? Tu es toute pâle. On dirait que tu viens de voir un fantôme.

Emma murmure :

— C'est exactement ça…

Dehors, l'homme a disparu.

Le lendemain matin, Lee découvre une deuxième missive de Bob se faisant plus insistant :

« Mon premier message étant resté sans réponse, je me permets de revenir vers vous. Voyons-nous. S'il vous plaît. »

Sans patronyme, Lee Winston adresse ces quelques mots par courrier interne à « Bob, service entretien » :

« Mille excuses, je vous avais oublié. Demain à 17 heures en face, chez Gino ? »

Le soir même, Tom raconte à sa mère cet insolite échange de correspondance.

— Curieuse histoire, en effet. Et tu n'as pas la moindre idée du but poursuivi par ce type ?

— Pas la moindre. Ce qui est fou, c'est qu'il ne me donne même pas son nom. On se croirait dans un film ! Je n'ai que son prénom.

— Lequel ?

— Bob.

Emma blêmit.

— Bob ? Tu es sûr ?

— Certain.

— Il sort un bout de papier de sa poche. Regarde…

La maman se trouble davantage.

— Physiquement, comment est-il ?

Lee y va d'une description sommaire. Emma s'assied dans le canapé, attire vers elle son fils de plus en plus inquiet.

— Tu le connais ?

— C'est le fantôme que j'ai aperçu hier devant le restaurant japonais…

— Je ne comprends rien.

— Cet homme qui a retrouvé notre trace Dieu sait comment, c'est ton père.

Bob Winston a épousé Emma Reid en 1957. L'année suivante, Lee est né. Un événement qui n'a pas suffi à sauver un couple ayant rapidement pris l'eau. Beau parleur immature incapable de garder un boulot plus de six mois, Bob avait séduit Emma en lui faisant miroiter monts et merveilles. Il était sur le point de s'associer avec un ami dans une affaire d'assurances qui allait rapporter des fortunes. Bob demandait deux ans de patience à Emma avant de pouvoir partir pour la Californie et s'installer définitivement au soleil sans devoir faire grand-chose, sinon profiter de l'intérêt de grosses sommes habilement placées.

Jeune, amoureuse, éblouie, Emma y avait cru. Petite secrétaire débutante, elle ne ramenait pas lourd à la fin du mois, mais avec, en plus, une liasse de dollars grappillée ici et là par Bob, il y avait moyen de se débrouiller.

La naissance de Lee, Bob ne l'avait pas souhaitée. Emma, elle, était folle de joie à l'idée de devenir maman. Le bébé, ses cris, ses horaires perturbants et ce qu'il coûtait irritaient Bob qui répétait à ses potes :

— Moi, la fibre paternelle, je ne l'ai pas !

Un soir, il n'était pas rentré. Et plus jamais revenu. Lâchement, il avait téléphoné à Emma afin de lui expliquer qu'il avait besoin de temps pour se faire à cette vie à laquelle rien ni personne ne l'avaient préparé.

Emma avait beaucoup pleuré, énormément supplié mais Bob n'était pas réapparu. Irrégulièrement, il avait envoyé de l'argent pendant un peu plus de deux ans, puis s'était inscrit aux abonnés absents. Seul le hasard – à condition que l'on croie à son existence, bien entendu – avait fait surgir son fils dans l'existence de Bob.

Lee savait que son père l'avait abandonné. Adolescent, il était passé par une période où il parlait beaucoup de cet être invisible qui avait fui ses responsabilités et qui aurait pu lui apporter tant de choses. Et réciproquement. Dès que Lee avait posé des questions à propos du coauteur de ses jours, Emma n'avait rien caché, pas même le divorce qu'elle avait obtenu non sans mal puisqu'il avait fallu localiser le mari volatilisé. Il vivotait alors au Mexique comme garagiste après avoir tenu un bar à Los Angeles. Toujours la même instabilité.

Devant Lee, Emma n'avait jamais émis la moindre critique vis-à-vis de son ex-époux. Elle avait livré des faits absolument véridiques (jusqu'à son prénom réel, Robert ; Bob n'étant qu'un surnom qu'elle n'avait jamais employé devant Lee), relaté sa tristesse, ses difficultés à se débrouiller seule mais également sa fierté à n'avoir jamais quémandé l'aide de qui que ce soit. Dans sa boîte, elle était montée en grade grâce à ses compétences et à un savoir-faire que, citée en exemple par le big boss, elle dispensait aujourd'hui aux plus jeunes appelées dans différents services.

Adolescent, Lee avait bien pensé se mettre à la recherche de son paternel. Il avait même envisagé de lancer un appel, dans une émission de télévision ! Finalement, il avait jugé l'idée grotesque. Et comme il se sentait bien dans sa peau grâce à une maman irréprochable, Lee Winston avait chassé de son esprit tout lancement d'avis de recherche. La vie suivait un cours somme toute tranquille jusqu'à ce mois de décembre 1980.

Après la révélation d'Emma, Lee ne laisse percevoir aucune émotion. Sans se l'avouer, sa maman a toujours craint ce moment-là. Son instinct avait ancré en elle une sorte de certitude : Bob ne resterait pas éternellement planqué. Emma se doutait qu'un jour, il surgirait de nulle part. Ce jour-là était arrivé. Et c'est ce qu'elle explique à Lee qui tombe un peu des nues.

— Pourquoi ne m'as-tu jamais parlé de cette conviction ?

— Parce que j'aurais été incapable de l'expliquer. Tu m'aurais forcément posé d'autres questions auxquelles je n'aurais pas eu davantage de réponses. Tu aurais voulu que je t'en livre plus à propos de ce pressentiment et je n'aurais pas pu. J'ignorais évidemment si ton père allait réapparaître à la faveur de ta majorité, de la fin de tes études, de ton mariage, de la naissance de ton premier enfant… Et puis, dans le fond…

Elle s'interrompt quelques secondes.

— Dans le fond ? répète Lee.

— J'espérais quand même me tromper. Je craignais cette irruption parce que cet homme m'a beaucoup fait souffrir et que j'ai mis des années à trouver un équilibre, une harmonie et que, aussi idiot que cela puisse paraître, je suis heureuse avec toi !

Lee serre sa maman très fort contre lui.

— Ce n'est vraiment pas idiot ! Ou alors, si c'est le cas, je partage cette idiotie. Car, moi aussi, je suis très heureux avec toi. Et personne ne viendra entraver notre bonheur.

Emma a les yeux légèrement humides.

— Tu vas donner rendez-vous à ton père ?

— À cet homme, oui. Mais je n'ai pas l'impression d'aller voir mon père. Car, contrairement à toi, j'ai rayé dans mon esprit l'idée que cet être existe encore quelque part.

— Tu le croyais mort ?

— En tout cas, je l'avais enterré.

C'est donc un fantôme, pour Emma, et un déterré, pour Lee, qui pousse la porte d'un bar proche de la banque où le père et le fils travaillent depuis plusieurs mois.

Bob ne joue à rien, ni au papa se cherchant mille excuses et venu implorer un improbable pardon, ni au faux copain échangeant des banalités ou des petites blagues sur les femmes, le boulot et le fric.

Non, Bob Winston ne la « ramène pas ». Il se raconte sobrement, lui et son immaturité responsables de tant de dégâts, la poisse qu'il colle aux autres à force de ne l'avoir jamais combattue, la culpabilité qu'il a découverte sur le tard…

— Quand on a provoqué autant de catastrophes sans les assumer, on a juste un droit : celui de ne gêner personne et de se faire oublier. Je m'y étais tenu…

Lee écoute en silence, étonné par le respect que cet inconnu lui inspire.

— J'ai connu le malheur aussi, à moins qu'une fois encore, malgré moi, je ne l'aie induit… Je me poserai la question jusqu'à mon dernier jour… Il y a huit ans, j'ai refait ma vie avec une jeune femme. Un vrai, grand nouveau départ et tous les espoirs qui l'accompagnent. Un fils nous est né quatorze mois plus tard. J'étais enfin reparti sur des bases solides. J'avais un boulot de vendeur dans un grand magasin d'électroménager. Nous habitions à San Francisco. Et puis, il y a deux ans et demi, un dimanche soir, alors que je les attendais tous les deux pour dîner, la police a sonné à ma porte. Ma femme et mon fils avaient été fauchés sur le bord d'une petite route, tués sur le coup… Ma vie s'est arrêtée en même temps que la leur.

Lee est pris d'une sorte de malaise. L'individu se trouvant face à lui, c'est certes son père, mais, pour lui, surtout un pauvre type anéanti par la douleur.

— J'ai fui San Francisco et rejoint New York, ma ville natale. Je bosse pour me nourrir et me loger, c'est tout. Je n'ai jamais cru à grand-chose. Je ne pense pas que le hasard existe mais, l'autre jour, lorsque je vous ai vu, en une fraction de seconde, j'ai été certain que vous étiez Lee. Une nécessité de vous parler m'a quasi immédiatement habité. Dans quel but? Je l'ignore. Il fallait que je le fasse… Voilà… L'essentiel est dit.

Lee demeure muet.

— Si je vous dérange, je peux partir immédiatement et vous promets de ne plus jamais vous importuner, propose Bob.

— J'ai répondu à votre lettre avec, je vous l'avoue, une sorte d'indifférence. Admettons qu'il faille y ajouter un brin de curiosité, mais sans plus. J'ai, heureusement pour moi, réglé depuis longtemps les problèmes de votre absence. Je voulais simplement vous écouter, sans états d'âme. Et là, vous me bouleversez…

Sans demander l'avis de Bob, Lee commande deux autres bières, puis continue.

— Je pense qu'à une époque – je devais avoir quatorze ans –, je vous ai haï. Ça m'a procuré un bien fou! Un professeur à qui je m'en étais ouvert m'a expliqué qu'à un moment ou l'autre, un fils a envie, au figuré, de « tuer le père » pour s'affirmer, montrer qu'il est adulte lui aussi et qu'il n'a plus besoin de celui qui l'a élevé. Dans mon cas, c'était évidemment différent. Si je voulais « tuer le père », c'était pour l'anéantir une bonne fois pour toutes afin que ses comportements dont j'avais subi les conséquences ne me fassent plus souffrir.

Lee regarde Bob droit dans les yeux.

— Et, donc, je vous ai tué. Je ne vous dis pas que ce ne fut pas douloureux. Je vous en ai voulu beaucoup de m'imposer cette épreuve mais il fallait que je passe par elle. Après…

Court silence.

— Après, je me suis senti comme soulagé. Je vous avais chassé, non pas de ma vie puisque je ne vous y avais jamais croisé, mais de ma tête et de mon cœur. La volonté que j'y ai mise m'a moi-même surpris. J'ai atteint mon but et n'ai connu aucune rechute.

Bob murmure.

— Mon dossier était classé…

— Y a de ça, oui.

— Je n'aurais pas dû me manifester.

— Pourquoi ?

— Parce que vous avez très bien mené votre barque, j'admire – sans flagornerie aucune – votre force de caractère.

— Je la tiens de Maman.

Lee se rend compte qu'il a pu blesser Bob qui soupire.

— Forcément…

Puis :

— Je regrette d'avoir sollicité votre attention, le récit de mes malheurs est déplacé, je le réalise maintenant.

Lee se surprend à poser la main sur celle de Bob.

— La détresse me touche énormément, sans doute parce que je l'ai approchée de très près et que j'ai vu ma mère en être victime.

Bob retire sa main et se lève.

— Je vais payer les consommations et m'en aller.

— Laissez-moi partager un peu de votre désarroi.

Bob se rassoit doucement.

— Vous m'avez viré de votre tête et de votre cœur…

— J'ai viré l'image d'un père invisible. Moi, je vous parle d'un homme à la dérive à qui je suis prêt à tendre la main.

Bob boit une gorgée, et la voix brisée par l'émotion articule deux syllabes :

— Merci.

Lee n'a quasiment pas dormi de la nuit. Et Bob, pas du tout. Avant d'essayer de fermer l'œil, Lee a relaté dans le détail à sa maman ce qu'il a entendu et ressenti. Sa mère a pleuré un peu et a fini par dire à son fils :

— Je suis fière de toi.

Trois jours plus tard, c'est Noël. Lee est fou de joie parce que Laura a choisi de passer le réveillon avec lui, chez Emma. Et puis, sur le coup de 21 heures, il y a un homme, Bob, qui a sonné, un bouquet de fleurs et une bouteille de vin à la main. Lee a ouvert la porte, Bob est entré mais il restait là comme un empoté. Alors, Laura l'a aidé à se débarrasser, l'a pris par le bras et emmené vers le living.

— Moi aussi, je commence une histoire, lui a-t-elle glissé à l'oreille. Et, en cette nuit de Noël, je jure qu'elle sera belle !

Un Père Noël si seul…

À 46 ans, Danny Bradford tire de sa vie un bilan plutôt négatif. Célibataire, sans enfants, sans boulot et sans amis, il se trouve au bord de la dépression. En tout cas, le croit-il. En réalité, cela fait de longs mois qu'il y a sombré. Ces dernières années n'ont pas été faciles. Après avoir divorcé en 1979, il est tombé malade. Une bronchite ayant dégénéré l'a obligé à ne pas travailler pendant deux mois. Lorsqu'il a repris son job de manutentionnaire dans un magasin d'électroménager de Manchester, Danny n'a pas retrouvé son enthousiasme d'antan et a fini par claquer la porte. Il a été serveur dans un bistrot, puis dans un autre avant d'enchaîner les petits boulots ne menant pas loin.

Un matin, Bradford en a eu vraiment ras-le-bol et à la place d'aller livrer les journaux, ce qui l'obligeait à se lever au milieu de la nuit, il a préféré rester dans son lit. Il y est même demeuré pendant environ trois mois. Il se nourrissait à peine, ne sortait plus et avait coupé son téléphone. Danny métamorphosé en marmotte occupait donc l'essentiel de son temps à dormir !

Il utilisait ses économies pour payer son loyer et les frais de base. Le téléphone était le seul canal qui aurait pu le maintenir en contact avec la société, mais comme il y avait renoncé, il n'avait de nouvelles de personne. Il avait bien perçu quelques coups de sonnette à sa porte mais n'avait pas ouvert. Danny avait également trouvé un mot sous sa porte. Il émanait d'un voisin qui s'inquiétait de ne plus le voir. Bradford le rassura par un message expédié de la même façon :

« Je suis épuisé. Le médecin m'a ordonné un repos complet. »

Épuisé, Danny l'était sans doute psychologiquement mais il n'avait jamais consulté le moindre toubib à ce sujet. Bref, tout seul comme un grand, Bradford s'était marginalisé.

Après un long trimestre de total isolement, Danny sort de son trou. Et se rend compte que tout dans son quartier lui rappelle de mauvais souvenirs. Subitement, il trouve de l'énergie pour entreprendre un déménagement. Il a consulté les petites annonces et a déniché un appartement au loyer modeste situé dans un bled à une centaine de kilomètres d'où il habite.

Ne voulant faire appel à aucune de ses anciennes connaissances, Danny organise seul son départ.

Ne possédant ni auto, ni moto, Bradford s'installe à la gauche du chauffeur du camion qui le conduit vers un domicile qu'il est allé voir une fois grâce au train.

Après une aussi grande période de silence, Danny a besoin de parler.

— Je dois tourner complètement la page sur une existence qui ne m'a pas réussi. Je suis bien conscient qu'en me déplaçant, je peux évidemment déplacer mes problèmes ! Mais je ne m'imaginais pas un instant continuer dans les mêmes décors en revoyant les mêmes têtes…

— C'est courageux ! constate son compagnon de route. Moi, je ne pourrais pas. Par exemple, comme tout le monde, j'aime bien partir en vacances. Mais j'aime tout autant en revenir ! Je me sens bien chez moi et dans ma ville.

La localité dans laquelle Danny a choisi de se poser est plutôt calme. Tellement calme que les emplois ne sont pas innombrables. Bien décidé à se battre, Bradford effectue le tour des commerces, se présente, laisse son CV. Par rapport à six mois plus tôt, il se montre métamorphosé. Mais, forcément, pas un de ses interlocuteurs ne s'en rend compte puisque, pour eux, il fait figure de parfait inconnu.

Dans la grande, ou plutôt moyenne surface située à l'entrée de la commune, Danny sympathise avec Paul, le chef du personnel. Ils prennent un verre ensemble une ou deux fois.

— Je n'ai rien pour toi en ce moment, lui dit-il. Mais, dans quelques mois, un type part à la retraite, tu pourrais le remplacer. En revanche, tu me dépannerais si tu acceptais d'être notre Père Noël !

Danny tombe des nues.

— Moi ? Mais je n'ai jamais fait ça ! Et, d'ailleurs, je n'ai pas d'enfants.

— Je suis sûr que tu seras parfait dans le rôle ! Et, bien sûr, tu seras payé.

À la fois pour rester dans les bonnes grâces de Paul et glisser quelques livres sterling dans sa poche, Danny accepte.

Et, comme Paul l'avait prédit, Bradford, qui a fière allure dans son costume rouge et blanc, joue à merveille au Père Noël.

Le 23 décembre, Paul avoue sa tristesse :

— Je garderais bien mon Père Noël plus longtemps ! Mais, évidemment, après le 25 décembre, on se moquerait de moi…

Ravi des compliments qu'il reçoit, et pas seulement de Paul, Danny ajoute :

— Moi aussi, j'aurais bien continué à travailler ici.

— On va arranger ça, je te le promets.

Dans la même conversation, Paul demande à Danny :

— Qu'est-ce que tu fais pour le réveillon ?

— Rien ! La télé et puis dodo !

— Tu es seul un 24 décembre ?

— Tu sais, en quelques semaines, je n'ai pas eu le temps de nouer des relations très solides…

— Tu viens chez moi !

— Mais tout doit être organisé et prévu…

— Oui, il y aura ma femme, mes enfants, mes beaux-parents, un couple d'amis et leurs enfants et une voisine seule elle aussi.

— Tu fais aussi agence matrimoniale ? le taquine Danny.

— La voisine a quatre-vingt-deux ans ! Mais elle en paraît dix de moins !

— Ça fait quand même une sacrée différence…

— Bon, trêve de rigolade ! 20 heures à la maison le 24. C'est moi le chef !

Cette invitation fait chaud au cœur de Danny qui trouve en la personne de Paul le premier ami de sa « deuxième vie ». Si tout va bien, donc, il aura un boulot au début de 1981 et, en attendant, le voilà accueilli par des gens sensibles à sa solitude.

Le 24 décembre, en terminant son ultime prestation de Père Noël, Danny court sous la douche, se change puis prend la route – en autobus – du domicile de Paul.

La famille est déjà réunie et, d'emblée, met à l'aise le nouveau venu. Une dizaine de minutes s'écoulent ainsi dans une atmosphère des plus agréables. Les derniers convives se manifestent avec un peu de retard. Danny bavarde avec l'épouse de Paul à qui il tourne le dos. Le maître de maison l'interrompt.

— Danny, je te présente mon ami Frank Kingsley, son épouse Amanda et leurs filles, Jasmine et Kelly.

Bradford a comme pivoté, et demeure muet. C'est également le cas de Frank et Amanda Kingsley. Les gamines, neuf et onze ans, ont déjà rejoint les enfants de Paul, du même âge.

— Il y a un problème ?

Paul s'inquiète. Frank ouvre la bouche le premier.

— Les présentations sont inutiles.

— Vous vous connaissez ? C'est hallucinant ! Je vous jure que…

— Tu ne le savais pas ? enchaîne Frank.

— Évidemment ! Seul le hasard…

— Qui n'existe pas, tranche Frank.

Danny rompt ce dialogue.

— Frank est mon demi-frère. Nous avons donc la même mère. Elle est décédée il y a huit ans, époque depuis laquelle nous ne nous sommes pas revus.

Paul se frappe le front de la paume de la main.

— Je n'y crois pas !

— C'est pourtant la pure vérité, insiste Amanda.

Paul se sent embarqué dans une histoire qu'il ne maîtrise évidemment plus. Il se force à plaisanter.

— Et j'ai involontairement commis une grosse gaffe ?

— Pour moi, non, réplique directement Danny. La situation est moins simple pour Frank car je suis le seul coupable dans cette affaire.

Personne ne se rend compte que Paul s'est mis à transpirer anormalement. Dans sa tête, et à très grande vitesse, il imagine que l'un de ses invités va sauter à la gorge de l'autre, ou bien que Danny va avouer qu'il a autrefois tué quelqu'un et qu'en définitive, il ne sort pas de dépression mais de prison !

Le reste des convives écoute. Tout ce petit monde est réuni dans un living de taille modeste. Difficile d'ignorer le malaise qui s'est emparé de ce début de réveillon. Seuls les enfants, qui jouent à l'étage, ne sont pas mêlés à ces invraisemblables retrouvailles.

Danny semble décidé à aller jusqu'au bout de ses explications.

— Un jour, il y a longtemps, j'ai décrété que notre mère préférait Frank. C'était faux. Au fond de moi, j'en étais conscient mais cela devait m'arranger de me poser en victime. D'autant que Maman avait quitté mon papa pour celui de Frank. Les rapports entre nous deux n'ont pourtant jamais été mauvais. Jusqu'au décès. J'ai contesté le testament alors qu'il n'y avait aucune raison. Et, rapidement d'ailleurs, la justice a donné raison à Frank qui a souffert de cette situation. Malgré cela, il m'a tendu la main à deux reprises… Je n'ai jamais répondu à ses appels.

Silence glacial. Paul brûle d'envie de lancer: «Ouf! Y a pas mort d'homme, buvons un coup!» Mais il n'ose pas. Danny poursuit.

— Le fait que nous nous retrouvions ici me paraît complètement fou. D'autant que je croyais Frank toujours à Manchester…

— Nous avons déménagé à quinze kilomètres d'ici il y a deux ans, précise le demi-frère.

Danny jette un coup d'œil vers Paul tout en faisant un pas vers la porte de la pièce.

— Je ne veux pas gâcher la soirée. Je n'ai pas ma place ici. Je vous prie de m'excuser.

Le geste de Frank est immédiat; il retient Danny par le bras. Les deux hommes se regardent.

— Ne laissons pas passer une occasion pareille, articule Frank. Moi, j'ai encore envie de faire un bon bout de chemin avec toi. On peut redémarrer. On oublie le pire, on garde le meilleur. C'est aujourd'hui ou jamais…

Danny et Frank sont tombés dans les bras l'un de l'autre. Il y a eu beaucoup d'émotion dans cette fête un peu folle, et plus encore lorsque la magie de Noël s'en mêle…

L'argent qui dort

Madeleine Colombani se montre souvent têtue. À soixante-seize ans, elle estime, sinon qu'elle sait tout, au moins qu'elle n'a pas à recevoir de leçons de plus jeunes. Et surtout pas de ses filles, Solange et Nicole, qui, il est vrai, manquent rarement une occasion de se mêler de ses affaires.

Ainsi, Solange et Nicole expliquent-elles souvent à leur mère qu'en 1976, on ne garde plus chez soi de l'argent comme autrefois et qu'il vaut mieux déposer ses économies en lieu sûr.

Veuve depuis cinq ans, Madeleine a toujours agi comme Raymond, son défunt époux. On planquait l'argent un peu partout dans la maison. Et comme on avait de la mémoire, on le retrouvait toujours! D'ailleurs, Madeleine et Raymond utilisaient les cinq mêmes cachettes.

Donc, Madeleine ne voit pas pourquoi elle changerait quoi que ce soit à ses habitudes. Pourtant, un jour, sans doute dans le but que Solange et Nicole ne lui cassent plus les oreilles avec leur baratin, elle se décide à aller voir un banquier à deux kilomètres de chez elle, dans la région de Lyon. Bernard Chaussieux, le professionnel avec qui elle a rendez-vous, lui explique tous les avantages qu'il peut lui offrir. Non seulement les biens de Madeleine seront placés en sécurité, mais ils feront fructifier son patrimoine. Nicole et Solange avaient déjà parlé à leur mère des intérêts générés par un pactole mais Madeleine ne voulait alors rien entendre.

Après une trentaine de minutes de conversation avec Bernard Chaussieux, Madame Colombani finit par admettre qu'il lui faut vivre avec son temps et que les gros billets enfouis sous le matelas ou dans des paires de chaussettes ne constituent peut-être pas les meilleurs endroits pour y laisser dormir des économies.

Madeleine Colombani n'est pas du genre à prendre une décision importante sur un coup de tête.

— Je vais dormir dessus ! dit-elle à Chaussieux.

— Vous revenez me voir quand vous le voulez, chère Madame.

En rentrant chez elle, Madeleine qui, jusqu'alors, n'a rien révélé de sa démarche à ses filles, appelle successivement Nicole et Solange et leur raconte son entrevue avec Bernard Chaussieux. Qui n'est visiblement pas pour rien dans le cheminement en train de s'opérer.

— Il est très bien, ce garçon, environ trente-cinq ans, élégant, un complet gris, une jolie cravate bleue, un sourire plein de charme…

In cauda venenum… Madeleine ajoute à l'intention de Solange comme de Nicole :

— Un peu le contraire de ton mari !

Madeleine n'a jamais entretenu avec ses gendres des relations idylliques. À cheval sur pas mal de principes, elle ne supporte pas ce qu'elle juge comme étant du négligé vestimentaire. Quand Laurent et Patrick se présentent chez elle pour des repas de famille en jeans et polo ou autre tenue très décontractée, Madeleine peste ! Et, selon les termes qu'elle a un jour employés devant sa voisine et vieille amie :

— Ils sont moches, ont les cheveux trop longs, le regard pas franchement intelligent et ne méritaient pas d'épouser mes filles !

Laurent vend des motos, ce qui, aux yeux de Madeleine, aggrave son cas. Quant à Patrick, plombier, il n'est toujours pas parvenu à effectuer une réparation chez sa belle-mère qui a préféré continuer à faire appel à un confrère connu de très longue date !

Les rapports de Laurent et de Patrick avec Madeleine se sont un rien améliorés lorsqu'ils lui ont donné des petits-enfants (quatre au total), mais le climat demeure maussade.

Devant la même voisine, Madeleine soupirait de temps en temps :

— Mon pauvre Raymond aurait tant aimé que les filles se marient avec un instituteur, comme lui ! Ou mieux encore : un médecin, un avocat, un architecte… Quand je pense que Fabrice Ralis, le notaire, était amoureux et de Nicole et de Solange, et qu'elles l'ont envoyé balader au profit de ces deux…

In extremis, elle se retenait. Bref, durant la soirée de ce 19 décembre 1976, Madeleine pense à ce Bernard Chaussieux qui l'a séduite. Et, le lendemain, en avalant les premières gorgées de son café presque brûlant, elle voit l'avenir sous le signe de la banque.

Dans la matinée, elle prend contact avec Chaussieux qui lui propose de passer à son agence le 23 à 15 heures. Sans en toucher un mot à qui que ce soit, Madeleine Colombani rassemble diverses sommes éparpillées dans sa maison. Elle place une partie dans son grand sac à main noir. Il reste une petite caisse en carton contenant plusieurs enveloppes qu'il lui faut glisser dans un sac en plastique.

Voilà donc Madeleine partie vers une nouvelle aventure ! Systématiquement en avance sur tous les horaires, elle attend l'autobus pendant une vingtaine de minutes. Madeleine habite dans un endroit peu peuplé et peu desservi par les transports en commun. À l'arrêt de bus, il y a un banc sur lequel, malgré le froid, Madame Colombani s'assied et commence à rêvasser. En fait, elle se demande si elle n'a pas un petit béguin pour Bernard Chaussieux ! La question lui traversant l'esprit, elle sourit. Consciente du ridicule de la situation, elle se met même à rire. Et réalise que d'où il se trouve, son Raymond doit estimer grotesque, lui aussi, cette sorte de coup de cœur ! Le bruit que fait l'autobus arrivant sort partiellement Madeleine de ses cogitations. Car une fois installée dans le véhicule, elle s'y replonge et ne peut s'empêcher d'effectuer une nouvelle comparaison avec ses gendres.

— Ah ! se dit-elle, que les réunions de famille seraient plus charmantes si je voyais y débarquer ce joli Bernard !

Un quart d'heure plus tard, « joli Bernard » lui tend la main et l'écoute. Il n'a pas prononcé deux phrases que sa nouvelle cliente s'exclame brusquement :

— Mon Dieu ! J'ai perdu mon sac !

— Mais non, rétorque Chaussieux, il est sur la chaise.

— Pas celui-là, l'autre, celui en plastique ! Je l'ai oublié dans le bus…

Pour Madeleine, il n'est plus question de parler de compte, de coffre, de papiers ou de signatures. Au plus vite, il lui faut remettre la main sur son bien. Avant de prendre congé de « joli Bernard » dans la précipitation la plus totale, elle lui confie que vient de s'égarer dans la nature l'équivalent de 10.000 euros ! Quasiment autant que le contenu de son sac à main. Bernard Chaussieux propose que Madeleine laisse celui-ci à la banque, mais la vieille dame, terriblement perturbée, refuse et s'en va. Elle rentre à son domicile, téléphone au dépôt des autobus, prévient la police et, en fin de parcours, ses filles qui, à tour de rôle, ne se gênent pas pour la réprimander :

— Pourquoi ne nous as-tu pas demandé de te conduire ? On ne se balade pas dans un bus avec autant d'argent. C'est de l'inconscience !

Furieuse de recevoir une double leçon, Madeleine raccroche au nez, et de Nicole et de Solange.

La journée s'achève dans une grande tristesse pour Madeleine qui se met au lit sans avoir la moindre nouvelle de qui que ce soit. Évidemment qu'elle s'en veut et qu'elle se juge stupide d'avoir agi avec autant de légèreté ! Et en se morfondant, répète doucement :

— C'est ce Bernard qui m'a tourné la tête !

Madeleine Colombani dort très mal. Elle se réveille entre deux cauchemars. Une fois debout, elle a l'impression de ne pas avoir fermé l'œil. Elle double la dose de café, puis téléphone à la police et au dépôt des autobus. D'un côté comme de l'autre, personne n'a trouvé son sac.

Madeleine ne déjeune pas. Elle s'est affalée dans un fauteuil, à allumer la télévision pour regarder le journal de la mi-journée comme elle le fait quotidiennement mais si on l'interrogeait sur ce qu'elle vient de voir, Madeleine Colombani serait incapable de citer un seul des sujets traités. Elle ne serait même pas sûre que ce soit Yves Mourousi qui présentait, comme d'habitude, les informations. Madeleine a la tête vide et le cœur déchiré. La moitié des économies de deux vies envolée à cause de sa négligence.

— Je suis une vieille folle, décrète-t-elle.

Vers 16 heures, la sonnerie de la porte d'entrée sort Madeleine de sa torpeur. Elle ouvre et tombe nez à nez avec Laurent et Patrick tout sourire.

— On a quelque chose pour vous, lance le premier.

Et le premier tend à Madeleine le sac en plastique!

— La petite caisse en carton n'a pas été ouverte, précise le second.

Madeleine est subitement envahie d'une forte émotion et ne peut arrêter les larmes qui se sont mises à couler. Elle invite ses gendres à entrer et leur offre un verre.

— Mais comment avez-vous fait?

Laurent et Patrick racontent. Hier, ils se sont rendus au dépôt des autobus, ont vu le chauffeur, pu inspecter le véhicule. Puis, ce matin, l'un des deux a eu une intuition et le duo a refait le chemin parcouru par Madeleine. Impossible qu'ils se trompent: il n'y en a qu'un possible. Ils savent que, maniaque de l'exactitude, leur belle-mère a dû attendre à l'arrêt de bus. Et ils ont imaginé que c'est là qu'elle avait égaré son bien. Ils ont examiné attentivement les alentours puis ont eu l'excellente idée d'ouvrir la poubelle publique. Un employé municipal ou un quidam soucieux d'ordre l'y aura expédié.

Madeleine Colombani ne sait comment remercier les deux hommes sincèrement heureux d'offrir ainsi à leur belle-mère un très beau début de réveillon. Le lendemain, lors du traditionnel déjeuner, elle a aussi apporté des cadeaux pour Laurent et Patrick alors que les années précédentes, elle les oubliait toujours dans sa distribution. Sans se lancer dans un long discours, elle les a remerciés, puis, en aparté, a murmuré à Nicole et Solange :

— Ils ont des qualités vos petits gars…

Indulgentes, les filles ont souri. Mais pas durant tout le repas pourtant. Car, ayant retrouvé sa mauvaise foi, Madeleine Colombani a rendu responsable de son malheur Bernard Chaussieux, « ce bonhomme qui joue les séducteurs pour attirer les clientes ». Et a décidé que son argent continuerait à dormir chez elle…

« Le Ciel nous l'envoie pour Noël »

Fin 1959, lorsque commence cette histoire, Joséphine Baker est âgée de 53 ans. Née aux États-Unis, danseuse, meneuse de revue, chanteuse, elle est célèbre pour avoir été la première star noire. Joséphine s'est installée en France et a d'ailleurs affirmé dans l'un de ses plus grands succès : « J'ai deux amours, mon pays et Paris. »

Mariée au musicien et chef d'orchestre Jo Bouillon, Joséphine Baker a acheté une vaste propriété en Dordogne, les Milandes.

En 1953, dans la continuité du combat qu'elle mène contre le racisme, Joséphine écrit à l'un de ses amis dirigeant un orphelinat : « J'ai décidé d'adopter cinq petits garçons de deux ans : un Japonais, un Noir d'Afrique du Sud, un Indien du Pérou, un Scandinave et un Israélien. »

Dès l'énoncé de ce projet, certes magnifique dans son esprit mais bien complexe à gérer pratiquement, Jo Bouillon émet des réserves. Joséphine n'en a cure. Et de cinq, elle passera vite à dix enfants accueillis chez elle !

À la fin du mois de novembre 1959, il fait particulièrement glacial à Paris. Un vieil homme cherchant des papiers et des chiffons pour se protéger du froid remarque un paquet bizarre placé à côté d'une poubelle. Il l'ouvre et y découvre… un nouveau-né !

L'incroyable aventure est rapportée par « France-Soir » mais, à ce moment-là, Joséphine se produit sur la scène de l'Olympia. Son entourage lui cache le journal sachant pertinemment que si elle lit l'article, elle va vouloir immédiatement adopter cet enfant abandonné. Et Jo Bouillon se plaint déjà de la famille très nombreuse dont il a à s'occuper.

Joséphine va pourtant être rapidement mise au courant de l'affaire. En se rendant à un cocktail au premier étage de la Tour Eiffel, elle discute avec l'un de ses amis, le journaliste Jacques Février qui lui raconte l'histoire.

— Tu te rends compte, dit-il, si ce brave homme n'avait pas découvert ce petit garçon, celui-ci aurait été broyé dans la benne des éboueurs !

Joséphine se montre bouleversée, veut savoir où se trouve le bébé abandonné devant un restaurant appelé « Le Périgord », ce que l'artiste prend comme un signe divin.

— Le Ciel nous l'envoie pour Noël, affirme-t-elle. Quelle bête fête nous allons organiser !

Le petit garçon, provisoirement prénommé André parce que sorti de son paquet le jour de la Saint-André, le 30 novembre, est rebaptisé Noël par Joséphine « pour bien marquer qu'il est l'enfant du miracle », précise-t-elle. En quelques heures, Joséphine obtient sa garde. Les formalités attendront car, évidemment, tout le monde connaît Joséphine Baker, son grand cœur et sa maison du bonheur.

Vite informée, la presse veut une photo. Joséphine Baker explique :

— J'ai certes déjà dix enfants, mais, ce petit, ce n'est pas de sa faute s'il est venu au monde. Et quand tout marche bien, je n'ai pas le droit de fermer les yeux sur une détresse aussi innocente.

Lorsqu'on lui fait remarquer que son mari trouve qu'elle exagère, Joséphine sourit.

— Secrètement, je crois qu'il a toujours rêvé d'avoir une équipe de football…

À la place de devenir noir, Tino Rossi crée « Petit papa Noël »

Après la Libération, Tino Rossi est déjà une grande vedette. Très connu à la fois par la chanson et le cinéma, il revient en force dans les salles obscures dès 1946. Au mois de mars, il est à l'affiche de « Sérénade aux nuages » qui attire les foules.

Et, à la fin de l'année, le même Tino Rossi peut être admiré dans « Destins » mis en scène par Richard Pottier. Originalité : le Corse le plus célèbre après Napoléon tient deux rôles. Il incarne des frères et compte sur Henri Bourtayre pour le doubler.

Le scénario prévoit qu'à un moment, après s'être noirci le visage, Tino apparaisse avec un quartet de Noirs américains et qu'ensemble, ils interprètent un negro spiritual. Mais, manque de chance, les quatre artistes ont un planning chargé et sont contraints de regagner New York avant d'avoir pu mettre la séquence en boîte.

Tino aurait pu faire appel à des remplaçants, mais il ne veut pas à la sauvette prendre n'importe qui pour remplacer des gens de grande qualité. C'est alors qu'il change d'orientation et en parle au dialoguiste, Carlo Rim. Celui-ci pense d'emblée à un Noël provençal et s'emballe. Mais, très vite, Tino Rossi précise:

— Non, ce qu'il nous faut, c'est un Noël français et nouveau que tout le monde pourra comprendre.

Les premières recherches ne donnent rien. L'impresario Audiffred, avec qui Tino a travaillé, a, lui, entendu dans une revue à Marseille un joli chant signé Raymond Vinci pour les paroles, et Henri Martinet pour la musique. Cela dit ceci:

« Petit papa Noël

Quand tu descendras du ciel

Avec des jouets par milliers

N'oublie pas mon petit soulier

Mais avant de partir

Il faudra bien te couvrir

Dehors tu vas avoir si froid

C'est un peu à cause de moi.»

À Marseille, le public n'avait pas du tout adhéré. Mais, dès que Tino Rossi a la partition en main, « avec sa voix d'or », comme le précise Laurent, son fils[1], il en fait un succès.

---

1. Laurent Rossi – « Tino Rossi, mon père » – Éditions Flammarion – 1993

« Destins » tombe rapidement dans les oubliettes mais « Petit papa Noël », lui, est promis à la postérité. Au fil des années, il se vend à des dizaines de millions d'exemplaires et est repris par beaucoup d'autres interprètes.

Dans son livre, Laurent Rossi écrit ceci : « Je tiens d'ailleurs à préciser qu'il (Tino) est le seul artiste à avoir reçu, grâce à cette chanson, un « disque d'or » en or massif, 24 carats, au lieu d'être simplement plaqué, comme c'est le cas d'ordinaire. »

Le 29 janvier 1981, près de deux ans avant la mort de Tino, Jacques Chancel lui avait consacré un « Grand échiquier », ce qui avait surpris l'intéressé plus habitué aux plateaux de Guy Lux et de Jacques Martin. En 2011, dans les colonnes du « Figaro », Chancel se souvenait :

— On ne fait pas plus simple que « Petit papa Noël », c'est une mélodie de quelques notes, une comptine pour enfants très accessible et qui s'est imposée partout. Je l'ai entendue à Tokyo, à New York… C'est une chanson qui me dépasse complètement. Mais, en famille, je sacrifie à la tradition à chaque Noël…

« Douce nuit » doit beaucoup à des rats affamés

1817. Joseph Mohr, jeune prêtre, est nommé vicaire coadjuteur à Oberndorf, près de Salzbourg, en Autriche. L'année suivante, à l'approche de la fête de Noël, il se rend compte que l'orgue de l'église ne fonctionne plus car l'instrument, déjà ancien, a été rongé par les rats !

Joseph réagit immédiatement et se dit qu'il lui faut créer un événement musical pour animer la messe de minuit. Il prend la plume et, à la hâte, compose un texte :

« Douce nuit, sainte nuit,

Tout repose endormi

Seul un couple veille

Dans l'étable où sommeille

Un enfant né pour sauver le monde ».

Joseph Mohr porte le fruit de ses cogitations à Franz Gruber, organiste et instituteur du village qui compose une mélodie avec la même rapidité.

Le 24 décembre, accompagnés d'une guitare, des chœurs interprètent pour la première fois « Douce nuit, sainte nuit », ou plus exactement, « Stille nacht, heilige nacht » », dans l'église d'Oberndorf.

Au printemps de 1819, un certain Karl Mauracher restaure l'orgue et entend ce chant. Séduit, il le ramène chez lui, dans la vallée de Ziller d'où il s'envole sur les routes d'Europe avec des gantiers tyroliens. « Douce nuit » va jusqu'aux États-Unis ! La chanson va effectuer un véritable tour du monde et, au fil du temps, être traduite en quarante-quatre langues.

Près de cent après sa création, en 1915, durant la Première Guerre mondiale, dans les tranchées, des soldats français et allemands se rendront compte que, l'espace de quelques minutes, ils peuvent baisser les armes et interpréter ensemble le même chant de Noël.

Franz Gruber a quitté Oberndorf ainsi que l'enseignement et s'est consacré pleinement à la musique en dirigeant les chœurs de Hallein.

Quant à l'abbé Joseph Mohr, il s'éloigna de sa première paroisse et mourut le 4 décembre 1848 dans un autre village, Wagrain, où, longtemps, chaque 24 décembre, les enfants se réunissaient autour de sa tombe et entonnaient « Stille nacht, heilige nacht ».

« Minuit, chrétiens » est né grâce à un pont qui n'existait pas

15 mai 1847. Accompagné d'Emily, son épouse, Pierre Laurey pose le pied sur le sol de Roquemaure. Laurey est Parisien et Roquemaure a fait irruption dans sa vie par l'intermédiaire d'un pont… qui n'existe pas !

Située dans le Gard à quinze kilomètres d'Avignon, cette charmante localité a été le chef-lieu de la viguerie de La Côte du Rhône. Jusqu'au début du dix-neuvième siècle, elle a également été un grand port sur la rive droite du fleuve. Après la disparition de cette activité-là, la population a simplement eu droit à un glacis en bordure du cours d'eau. D'où la nécessité du pont suspendu qui rejoindrait la route de Mornas à Avignon.

Pierre Laurey en devient le concessionnaire le 15 septembre 1842. À Roquemaure, il s'installe dans le même immeuble que le couple Hermann. Lui est un notable, son métier de concessionnaire en vins lui conférant un réel prestige. Sa femme, elle, ne dédaigne pas les mondanités et aime recevoir. Les Hermann connaissent tout le monde et, avec leurs invités, ils se piquent de littérature et de musique.

En ce printemps 1847, on voit régulièrement chez les Hermann l'abbé Nicolas PetitJean, le curé de Roquemaure. Le 1er janvier, il a succédé à Maurice Gilles qui avait entrepris la restauration de la Collégiale de Roquemaure. Un édifice dont les origines remontent à l'arrivée des papes à Avignon.

Clément V a indirectement influé sur la destinée de la paroisse de Roquemaure. Il en a donné le bénéfice au cardinal Bertrand de Pujet qui ne trouvait pas l'église d'alors, Notre-Dame de la Purification, à son goût. La construction qu'il ordonna fut à la fois dédiée à saint Jean-Baptiste et à saint Jean l'Évangéliste. Ouverte aux fidèles en 1345, elle accéda l'année suivante au rang de collégiale.

En 1822, elle était tombée en ruines. En arrivant à Roquemaure, l'abbé Maurice Gilles voulait faire renaître une partie du passé de l'endroit. Une œuvre de longue haleine que, vingt-cinq plus tard, poursuit Nicolas PetitJean. Par exemple, il remplace les lucarnes par des chapelles et des fenêtres. Il fait placer des vitraux dans le chœur. L'un d'eux représente Marie et l'Enfant Jésus ; un autre, saint Jean-Baptiste ; et un troisième, saint Jean l'Évangéliste, les saints patrons sous le pontificat de Clément V.

Le curé passe commande de ces vitraux en mai 1847, c'est-à-dire au moment où Pierre et Emily Laurey emménagent à Roquemaure. Les nouveaux venus sont reçus chez les Hermann. C'est là qu'un soir, surgit l'idée de faire briller d'un éclat particulier la prochaine fête de Noël. À cela, au moins deux raisons.

Primo, à quelques jours près, il y aura un an que l'abbé PetitJean a pris ses fonctions. Secundo, les fameux vitraux doivent être livrés et placés peu avant la célébration de la Nativité. Une double occasion d'organiser une messe de minuit exceptionnelle. La petite assemblée cogite. La maîtresse de maison propose :

— Et si on faisait écrire un poème ?

Puis se tournant vers l'abbé :

— Vous devriez vous adresser à l'un de vos bons amis : Placide Cappeau.

Ce Cappeau, âgé de trente-huit ans, est né à Roquemaure le 25 octobre 1808. À cette époque, on pensait dans sa famille que, vraisemblablement, il serait tonnelier comme Matthieu, son père. Son avenir semblait tracé.

Mais un drame bouleversa son enfance. Un jour, Placide jouait avec le fils Brignon. Bêtement, celui-ci s'empara du fusil de son papa et tira. Il ignorait qu'une telle arme pouvait causer d'énormes dégâts. Il ne savait pas non plus qu'elle pouvait tuer « pour de vrai ». Résultat : Placide fut très gravement touché à l'avant-bras droit et dut être amputé de la main.

Employé de Matthieu Cappeau, le père Brignon était effondré, à la fois empli de tristesse, de regret et tenant à vouloir racheter, comme il le pourrait, la faute de sa progéniture. Il offrit aux Cappeau de payer des études à Placide. C'est ainsi que le gamin fut inscrit au Collège Royal d'Avignon, dirigé par des pères jésuites. Il s'y montra excellent élève.

À telle enseigne qu'il prit ensuite la direction de Paris où il suivit des études de droit. Il décrocha une licence en 1831.

Sa réussite ne détourna pas éternellement Placide de sa ville natale. D'ailleurs, il y revint et y créa une activité commerciale.

En 1847, il est associé à Guillaume Clerc, maire de Roquemaure et négociant en vins. Ensemble, ils ont fondé la maison Cappeau-Clerc dont Placide défend les intérêts à Paris. Car, désormais, Placide vit entre la capitale et sa belle province.

Cette même année 1847, le 5 avril, il se marie. À Paris, il épouse Marie-Antoinette Lousteau, vingt-neuf ans, fille de l'économe du Lycée Louis-le-Grand.

À ses heures plus ou moins perdues, Cappeau taquine la muse. Il correspond avec Frédéric Mistral, le grand poète provençal. Sur le conseil de Madame Hermann, l'abbé PetitJean a donc recours au talent de plume de Placide Cappeau.

Au fond de son lit, un homme d'une quarantaine d'années, fiévreux, découvre un texte venant d'être déposé à son domicile parisien.

« Minuit, chrétiens, c'est l'heure solennelle,
Où l'Homme-Dieu descendit jusqu'à nous,
Pour effacer la tache originelle,
Et de son Père arrêter le courroux.
Le monde entier tressaille d'espérance,
À cette nuit qui lui donne un Sauveur.
Peuple, à genoux, attends ta délivrance.
Noël ! Noël ! Voici le Rédempteur
Noël ! Noël ! Voici le Rédempteur !
De notre foi que la lumière ardente
Nous guide tous au berceau de l'Enfant
Comme autrefois une étoile brillante
Y conduisit les chefs de l'Orient.
Le Roi des rois naît dans une humble crèche :
Puissants du jour, fiers de votre grandeur
À votre orgueil, c'est là que Dieu prêche
Courbez vos fronts devant le Rédempteur
Courbez vos fronts devant le Rédempteur !

Le Rédempteur a brisé toute entrave
La terre est libre et le Ciel est ouvert.
Il voit un frère où n'était qu'un esclave,
L'amour unit ceux qu'enchaînait le fer.
Qui lui dira notre reconnaissance ?
C'est pour nous qu'il naît, qu'il souffre et meurt
Peuple, debout ! Chante ta délivrance ;
Noël, Noël ! Chantons le Rédempteur
Noël, Noël ! Chantons le Rédempteur. »

Malgré la maladie – passagère –, l'homme prend une plume, du papier et se met à composer. Il s'appelle Adolphe Adam, est musicien et jouit d'une réputation flatteuse.

Il a vu le jour le 24 juillet 1803. Son père, pianiste et compositeur, a tenté de le décourager de suivre sa voie. Têtu, le gamin est entré au Conservatoire de Paris. Où il a démontré d'indéniables dons. « Le chalet », son premier opéra-comique, a été créé le 25 septembre 1834 et a eu droit à mille quatre cents représentations !

Adam a la capacité de monter plusieurs opéras durant la même saison. En 1839, par exemple, il a été à l'affiche à trois reprises, avec « Régine », « La reine d'un jour » et « Le brasseur de Preston ». Le 28 juin 1841, à l'Opéra de Paris, Adolphe Adam assiste à la première de son ballet « Giselle ».

En 1847, l'année qui nous occupe, il se lance dans l'aventure de l'Opéra-National qu'il inaugure. Originalité de cet établissement : l'accès pour les auteurs et compositeurs dont la faible notoriété n'intéresse pas les deux scènes lyriques officielles de Paris. Adam, pourtant sollicité ailleurs, s'y fait jouer. On n'est jamais aussi bien servi que par soi-même.

Hélas, Adolphe se montre piètre gestionnaire et se retrouvera rapidement au bord d'une ruine accélérée par la Révolution de 1848.

Mais, avant cette débâcle, il y a « Minuit, chrétiens ». Les vers de Placide Cappeau ont atterri chez Adam par l'intermédiaire d'Emily Laurey autrefois chanteuse. Le 12 décembre 1840, à Paris, elle a participé à la création de « Rose de Péronne », un opéra d'Adolphe.

Lorsqu'il a été question des projets de Noël à Roquemaure, elle s'est engagée à faire parvenir le texte à une personne de confiance.

Visiblement, Cappeau n'a pas travaillé à la commande. Son « Minuit, chrétiens » dormait dans ses tiroirs. Placide l'avait rédigé un jour de 1846, apparemment dans une diligence qui l'emmenait de Roquemaure à Avignon. Adam se sent inspiré et achève la partition assez vite. Il expédie le tout à Emily Laurey… et pense à autre chose.

24 décembre 1847. Le grand jour. Les vitraux de la Collégiale de Roquemaure viennent d'être posés et font l'admiration des paroissiens qui se pressent afin de ne pas manquer le début de la messe de minuit célébrée par l'abbé Nicolas PetitJean. C'est au cours de l'eucharistie que, renouant avec ses anciennes amours, Emily Laurey interprète « Minuit, chrétiens » en présence de Placide Cappeau. Un joli moment rempli d'émotion.

Sur le court et même le moyen terme, « Minuit, chrétiens » ne porte guère chance à ses protagonistes. Dès le lendemain de la première exécution, Laurey se voit retirer la concession du fameux pont qui ne sera inauguré qu'en 1856. Moyennant quoi, le couple Laurey rentre à Paris.

Adolphe Adam ne tarde donc pas à fermer son Opéra-National, mais s'en remet. Il voyage beaucoup. On le voit notamment à

Londres, Berlin, Saint-Pétersbourg. En 1849, Adam est nommé professeur au Conservatoire de Paris où il succède à son père. Auparavant, il avait été reçu à l'Institut.

Adolphe Adam est mort jeune, à cinquante-deux ans. Il a laissé cinquante-trois opéras, quatre messes, quelques motets et, surtout, le ballet « Giselle ». Il avait rédigé deux livres publiés après son décès : « Souvenirs d'un musicien » et « Derniers souvenirs d'un musicien ».

En janvier 1849, Placide Cappeau est papa d'un petit Armand. Quatre ans plus tard, sa jeune épouse disparaît brutalement. Son fils sera élevé à Paris par ses grands-parents maternels. Armand, lui aussi, connaît un destin tragique. Durant la guerre de 1870, il est grièvement blessé sur le Plateau d'Avron et rend son dernier soupir en janvier 1871 ; il avait vingt-deux ans.

Entre-temps, le 4 juillet 1860, Placide s'est remarié avec Marie Léonie Guez de Rébicque. Il a cinquante ans, elle en a vingt et un. De cette union, en 1862, naît une petite fille, Ady.

Cappeau décède en 1880. Ady se marie à un négociant en vins, Charles Martin. Mais celui-ci jette l'argent par les fenêtres. Lorsqu'il meurt, en 1940, Ady est plongée dans la dèche et se voit contrainte de vendre la maison que son père avait autrefois fait construire à l'intention de sa première femme.

Il reste le chant, « Minuit, chrétiens » qui, lui, a poursuivi son petit bonhomme de chemin. Et d'abord grâce à Emily Laurey. Après le Noël de 1847, elle remit son œuvre à Adolphe Adam qui n'y attacha guère d'importance. Il offrit « Minuit, chrétiens » à Jean-Baptiste Faure, un baryton célèbre de l'époque, qui le glissa dans son répertoire. La route du succès était ouverte. Même si les paroles ont été un temps contestées. L'Église trouvait en effet à redire sur l'image ainsi donnée de Dieu.

Elle estimait que les mots « où l'Homme-Dieu descendit jusqu'à nous pour effacer la tache originelle et de son père arrêter le courroux » offraient un côté pouvant effrayer. Du coup, Placide Cappeau avait dû remanier ce passage-là qu'il avait remplacé par : « Dans l'heureux Bethléem vint au jour le messager de la bonne nouvelle qui fit des lois du sang la loi d'amour… »

Un bout de texte qui ne marqua jamais les esprits. Les fidèles avaient retenu la version de base et ne tinrent nul compte des desiderata de l'Église ! On continua donc à interpréter la première mouture.

« Minuit, chrétiens » n'a pas suscité des commentaires que du côté des autorités religieuses. Un critique, par exemple, a écrit qu'il s'agissait de « la Déclaration des droits de l'homme et du citoyen mise en musique à l'usage des âmes pieuses »…

Mais la formule la plus originale sur le sujet revient sans doute à Lamartine. Qui qualifia le chant de Placide Cappeau et d'Adolphe Adam de « Marseillaise des chrétiens »…

Remerciements

Merci à Michèle, Tania et Séverine
pour leur bienveillance et leur compréhension.

Merci à Alain Jourdan Leclercq, mon éditeur et complice,
avec qui j'ai « vu » cet ouvrage avant qu'il ne soit écrit.

Merci à l'équipe enthousiaste et dynamique
de La Boîte à Pandore.

Merci à Ingrid Otto pour sa relecture amicale et attentive.

Et merci au Père Noël auquel je continuerai à croire tant qu'il
permettra à d'aussi belles histoires d'exister…

Table des matières

Achevé d'imprimer en CE
Sur les presses de SNEL